Padres conscientes, niños felices

Padres conscientes, niños felices

Manual de primeros auxilios

HELEN FLIX

diversa

© 2014, Helen Flix
© 2014, Diversa Ediciones
    Edipro, S.C.P.
    Carretera de Rocafort 113
    43427 Conesa
    diversa@diversaediciones.com
    www.diversaediciones.com

Primera edición: julio de 2014

ISBN: 978-84-942484-4-3
ISBN Ebook: 978-84-942484-5-0
Depósito legal: T 1051-2014

Diseño y maquetación: DONDESEA, servicios editoriales
Imagen de portada: © Sunny studio/Shutterstock

Todos los derechos reservados. Queda prohibida la reproducción total o parcial de cualquier parte de este libro, incluido el diseño de la cubierta, así como su almacenamiento, transmisión o tratamiento por ningún medio, sin el permiso previo por escrito de la editorial.

Impreso en España – *Printed in Spain*

*A mis hijos Héctor, Ana y David,
porque ellos han sido mis grandes maestros en el arte
de la maternidad; a mis clientes niños y jóvenes,
porque han hecho que me supere un poco cada día.*

*A todas las parejas que entienden el oficio
de la paternidad/maternidad con responsabilidad y amor,
y que quieren ser guiadas en el difícil arte de ser Padres.*

ÍNDICE

PRÓLOGO 13

INTRODUCCIÓN 17
¿Qué es un niño? 14
Cómo crecen y se desarrollan los niños 19

CAPÍTULO 1. ¿EDUCAR O ALECCIONAR? 27
Qué necesitan saber los padres y educadores
para fomentar la evolución del niño en armonía 30

CAPÍTULO 2. SEMBRANDO VALORES 37
Entregar para recibir 44
Enseñar el Yo verdadero 47
Enseñar a perder cosas 48

CAPÍTULO 3. EL NIÑO 50
Educar significa entender qué es ser un niño 50
Aprendizaje por ensayo-error 51
Pensamiento mágico, no lógico, no analítico 53
Egocentrismo 55

CAPÍTULO 4. PERSONALIDAD 59
Los temperamentos infantiles 63
Los siete tipos de temperamento infantil 65
Conocer al niño 67

CAPÍTULO 5. EDUCAR EN EQUIPO 69
Conceptos básicos para educar como padres 69
Decálogo de metas 71
Objetivo: la autoestima 71
Aprendiendo a educar 72
Las seis estrategias educativas de la autoestima 74
Las cuatro reglas de oro del buen cuidado
del niño interior 80

CAPÍTULO 6. LOS NUEVOS SISTEMAS Y CIRCUNSTANCIAS FAMILIARES 84
Las nuevas familias 84
Cambios en las relaciones padres-hijos 86
El trabajo y el consumo como prioridad 87
La pareja y sus problemas, núcleo central de la familia 89

CAPÍTULO 7. LA FAMILIA 95
Funciones de la familia 96
Familias sanas versus familias disfuncionales 98
Premisas a recordar 98
Las cuatro funciones negativas 100
Las cuatro funciones positivas 102
Familias monoparentales 104
Padres ausentes 105
Los divorcios y las separaciones 106
Reacciones según la edad 106
Afrontar el problema de la separación 109
Puntos básicos a tener en cuenta 110

CAPÍTULO 8. HERMANOS 112
Los celos necesarios y el vínculo social,
relación enriquecedora 113

Hijo único: conquistar la sociabilidad   114
Puntos clave en la relación entre hermanos   115
Cómo crear una buena relación entre hermanos   118
Conflictos: cómo y cuándo intervenir   119
Expresiones de rivalidad entre hermanos: qué nos dicen,
qué hacer   121
Los distintos tipos de conflictos   122

CAPÍTULO 9. EDUCACIÓN DISFUNCIONAL . . .   127
Los errores más comunes que educan
en baja autoestima   129
El mal uso del miedo, el chantaje emocional   131
Los cuatro tipos de chantajistas   136
Los efectos de los comportamientos nocivos
en los hijos   139

CAPÍTULO 10. ESPERADA PATERNIDAD:
ADOPCIÓN   141
Derecho inexcusable del hijo adoptado   143
La adaptación del niño a su nueva familia   144
Historia previa de adopción
(posibilidades de vinculación afectiva)   145
La edad de adopción   146
Otros factores importantes   147
Resumiendo...   148
Sentimientos que suelen estar muy presentes
en el niño adoptado   150
La llegada a casa, primeras reacciones tras la adopción   150
Trastornos asociados más frecuentes   151
Orientaciones generales para los padres   154
Potenciar una buena vinculación   155

CAPÍTULO 11. CONDUCTAS LLAMADAS PROBLEMÁTICAS ... 157
Los trastornos de la conducta en la infancia y la adolescencia desde la ciencia de la psiquiatría ... 159
Los problemas psicoorgánicos y los psicosociales ... 167
Alimentación y sueño, las necesidades básicas ... 170
Buena comunicación ... 170
Practicar el buen ambiente familiar ... 171
Conclusiones ... 171

CAPÍTULO 12. AFRONTAR LAS ACTITUDES PERTURBADORAS ... 173
Objetivo 1: llamada de atención ... 174
Objetivo 2: búsqueda de superioridad ... 177
Objetivo 3: venganza ... 180
Objetivo 4: victimismo ... 183
Cómo llevar a cabo las actitudes básicas sugeridas para una educación sin luchas de poder ... 186

CAPÍTULO 13. LA FELICIDAD ... 193
Características del niño que crece en armonía ... 196
Qué podemos hacer por nuestros hijos para que sean adultos completos en equilibrio ... 197

CAPÍTULO 14. MEDITACIÓN ... 201
Respiración ... 203
Mindfulness para niños ... 204

DECÁLOGO PARA FAMILIAS FELICES ... 215

BIBLIOGRAFÍA ... 217

PRÓLOGO

No solo hemos cambiado estos últimos diez años de forma negativa con la pérdida masiva de empleo, de derechos sociales y libertades personales, sino también en calidad y diversidad de sistemas educativos y sanitarios. Y lo peor es que gran parte de la población aún está esperando que todo vuelva a ser como era antes, y tal vez lo mejor que nos puede ocurrir es que por fin aceptemos que «como antes» ya no volverá a ser nada y empecemos a decidir qué queremos para nosotros y para nuestros hijos a nivel individual y a nivel social.

Estamos jugando desde hace tiempo de una forma perversa con las palabras, porque todos sabemos que estas construyen la realidad, y empezamos a aceptar como algo normal que a un rescate bancario o de un país se le denomine «ayuda», que a los recortes que hacen las administraciones se les llame «reestructuraciones» o que, al hablar de la emigración juvenil, ministros y medios de comunicación se refieran a «movilidad exterior». Y con ello moldeamos un cambio interior (de nuestra psique) que nos conduce a la desesperanza y a la conformidad.

He sido testigo de la evolución a través de mi consulta. En los años 90 del siglo pasado los padres venían angustiados por el fracaso escolar de sus hijos. A mediados de la década venían aquellos que sus hijos tenían notas altas y vivían angustiados frente al miedo a los exámenes y su autoexigencia; los que suspendían no tenían problemas. Como me decía un día una alumna brillante que había comenzado a suspender: «Tengo que elegir entre ser una pringada [si aprobaba] o popular». De modo que el fracaso escolar no importaba a nadie, porque lo único que importaba era que nuestros hijos fueran felices.

A principios del nuevo siglo la supuesta abundancia económica nos trajo titulares y libros preocupantes sobre nuestra juventud. Los programas de televisión hablaban de educación, de responsabilidades, avasallándonos con datos: «En Madrid los servicios de urgencias atienden cien comas etílicos de adolescentes cada fin de semana»; «En Barcelona, Madrid y Sevilla los adolescentes no tienen horario fijo de llegada a casa, beben comprando licor en tiendas regentadas por extranjeros y consumen habitualmente drogas, son poliadictos»...

Los padres, abuelos, maestros, aterrados, nos culpabilizamos los unos a los otros. Los medios de comunicación sacaron a la luz el problema, incluida «la violencia doméstica» que sufren algunos padres por parte de sus hijos adolescentes y no tan adolescentes. Y ahora la desesperanza. Debido al alto índice de paro, muchos han querido regresar a las escuelas, dejar de pertenecer a la generación de los *ni-ni* (ni estudia ni trabaja), pero el contrasentido es que aquellos que lograron finalizar sus carreras, sus másteres y Erasmus tampoco encuentran trabajo, con lo que estamos generando el «*paqué*»: para qué esforzarse si no sirve para nada. Y los que siguen luchando se enteran con alegría por los estamentos oficiales de la suerte de estas generaciones debido a «la movilidad exterior» que pueden disfrutar gracias a que no hay oportunidades en su país. Y no hablemos de cómo ensalzamos a los emprendedores, aquellos que se arriesgan y crean su propio puesto de trabajo, eso sí, solo con la ayuda de la familia y los amigos, porque la Administración está de «restructuración» y los bancos «ayudados».

Dejemos de lamentarnos, de pasarnos la culpa unos a otros o de pensar que los hijos nacen así, que es inevitable, que no podemos cambiar la genética, que unos tendrán suerte y otros no debido a sus genes. Se ha comprobado científicamente que este pensamiento innanicista (concepto de innato) de los padres y la sociedad no es cierto, es una mentira sostenida en el tiempo que se ha asumido, ocupando el lugar de una creencia y convirtiéndose en una verdad absoluta.

Educamos equivocadamente en algunos aspectos, hemos otorgado como colectivo valores que no son válidos en la sociedad actual, que han evolucionado más deprisa que nosotros mismos y han entrado en una «crisis de valores, derechos sociales y libertades»; pero si asumimos la responsabilidad de nuestros errores y de nuestros aciertos y entendemos cómo funcionan los mecanismos de transmisión de valores y conductas, estamos a tiempo de dejar de lamentarnos, de llorar o de criminalizar a la juventud para comenzar a actuar, cambiar y mejorar la familia y la sociedad en la que vivimos.

Hemos confundido sociedades tecnológicas con sociedades evolucionadas, y con ello solo creamos dolor y desolación por donde hemos pasado, pero ese dolor y esa desolación se materializan en nuestros hogares. Nuestros hijos, nuestros alumnos, nuestras familias no son más que un reflejo de nuestra desorientación, de nuestras ansias de tener y poseer. Debemos regresar de lo individual al individuo, del niño a la familia y a lo colectivo.

La esperanza es que ahora a la consulta vienen padres con bebés y niños de 20 a 36 meses, buscando cómo educarles con una fuerte autoestima para que puedan superar los miedos y carencias de los propios progenitores, que puedan desarrollar una mente que les permita afrontar emocionalmente cualquier situación negativa que la vida les presente, porque esa es la mejor herencia que podemos dejarle a un ser humano, lo único que nos permite vivir en armonía y en paz, y eso es la Felicidad.

> «¿No ha llegado el momento de exigir algo muy distinto a los sistemas educativos? Aprender a vivir; aprender a aprender, de forma que se puedan ir adquiriendo nuevos conocimientos a lo

largo de toda una vida; aprender a pensar de forma libre y crítica; aprender a amar al mundo y a hacerlo más humano; aprender a realizarse en y mediante el trabajo creador. Propósitos aparentemente abstractos. Pero la educación es una empresa tan vasta, compromete tan radicalmente el destino de los hombres, que no puede bastar el considerarla en términos de estructuras, de medios logísticos y de procedimientos. Es su propia sustancia, su relación esencial con el hombre, su devenir, el principio de la interrelación que reina entre el acto educativo y el ambiente y que hace de la educación a la vez un producto y un factor de la sociedad. Todo esto es lo que, en el punto al que hemos llegado, hay que escrutar en profundidad y repensar ampliamente».

UNESCO. «Informe Faure». *Aprender a ser*. 1972

INTRODUCCIÓN

¿Qué es un niño?

Desde un punto de vista histórico, la definición de niño se ha ido modificando en función de las ideologías y la época social en la que vivimos. En nuestra cultura occidental, las definiciones que hay sobre qué es un niño en ámbitos como el pedagógico, médico, político, jurídico, institucional o analítico tienen un punto en común: no es tanto la edad como la referencia al trabajo.

> El niño será aquel que no trabaja, que incluso no puede, no tiene que trabajar. Ciertamente se le puede hacer trabajar, pero dado que se considera que su saber no vale nada, a esto se le denominará ponerlo en aprendizaje. El niño no podrá hacer un contrato social con validez porque no se le considera comprometido por su palabra.
>
> P. Valas

En los últimos años, la infancia ha adquirido un lugar singularmente valorado en nuestra cultura, aunque paradójicamente parece que cada vez los niños son menos valorados, tratados a veces como si fuesen un objeto de consumo o sobre los que es más evidente que antes que se puede ejercer diferentes formas de violencia.

Este lugar está vinculado a las transformaciones sociales que hemos vivido a lo largo del siglo XX. Lo que se espera que le pase a un niño en la actualidad, lo que ha de hacer durante el período de la infancia, el lugar que ocupa en la vida de sus padres y el tiempo de duración de la infancia han variado a lo largo del tiempo. A partir de los siglos XVIII y XIX nació un sentimiento nuevo de familia vinculado a una nueva concepción de infancia, donde se veía al niño como a un árbol al que había que hacer crecer recto y que administraría nuestro legado; una oportunidad de inmortalidad, de prolongarnos en otros.

La infancia y la familia bajo las leyes del patriarcado estaban vinculadas de manera indisoluble a un mismo destino. El seno de la familia patriarcal era el lugar donde la infancia se desarrollaba como tal. Hoy en día no es así, al menos en nuestra cultura occidental.

Si seguimos los debates sobre las leyes de adopción y acogimiento familiar, vemos que actualmente no se sabe con exactitud qué es lo que necesita un niño.

No es posible sostener un discurso sobre la infancia vinculado al destino de la familia tradicional cuando los censos de países occidentales demuestran que cerca de la mitad de los niños no crece en una familia conyugal, el número de niños bajo protección de los servicios sociales es alarmante y aumenta en los países denominados del «primer mundo», y los niños de la calle pueden contarse por millones en nuestro planeta.

La infancia contemporánea, los niños del mundo, son un problema y síntoma en la época del bienestar y de los derechos del hombre.

> El niño actual (hombre de mañana) ya no tiene marcado el destino según la familia (esta no tiene tiempo o no existe), sus ideales ya no están tan determinados por sus padres, ya no hay nada en el discurso social y familiar que marque lo que está permitido y lo que no lo está, qué es legítimo desear y de qué y cómo es legítimo disfrutar.
>
> JAQUES LACAN

Cómo crecen y se desarrollan los niños

Desde que nacemos hasta aproximadamente los 3 años las personas funcionamos a través de la mente instintiva, que se encarga de regular las acciones esenciales para la supervivencia como comer, respirar, el instinto sexual, las relaciones sociales, la curiosidad, la imitación, el juego, etc., y de la mente intuitiva (hemisferio derecho), lo que hace que aprendamos muchas cosas antes de poder pensar con palabras. Los recién nacidos giran la cabeza en dirección a las voces humanas e intuyen por el tono las emociones asociadas.

Un lactante de una semana colocado entre unos sujetadores, uno impregnado del olor de su madre y otros con el olor de una mujer también lactante, escoge sin duda alguna el sujetador de su madre. En esa etapa el bebé capta lo que le mostramos del mundo, de nuestras emociones, de nuestros miedos, como una esponja.

De los 4 a los 7 años necesitamos sentirnos aceptados, así que buscamos los rasgos, gestos y actitudes que más destacan en nuestros progenitores, imitándolos, configurando nuestras características observando a los mayores como espejos en los que reconocernos e imitar inconscientemente para integrarnos en nuestro núcleo familiar. Aprendemos tanto explícita como implícitamente lo que les gusta o disgusta a nuestros familiares y padres.

De los 8 a los 12 años se crea nuestra autoimagen, y la mente analítica (hemisferio izquierdo) comienza a hacerse notar, así como la mente emocional (sistema límbico). En esta etapa la reafirmación positiva es muy importante para crear en el niño buenos valores, como seguridad o confianza, pero en lugar de ello solemos remarcar lo que no hacen bien, su aspecto físico, sus carencias, nuestros rechazos y preocupaciones, así que comienzan a verse a través de los ojos del progenitor, que tiene el poder de aprobar al niño en la familia. De ese modo crecerá buscando su aprobación llamándole la atención todo el tiempo. En esta etapa el colegio será importante ya que comenzarán las comparaciones: ser del grupo de los pringados o de los populares, de los tímidos o de los gamberros… (exclusión/integración).

De los 13 a los 16 años es la etapa más temida por los padres y posiblemente la más dura. Se comienza a apreciar la mente planificadora (lóbulos frontales) y la total revolución hormonal que pone a prueba la mente emocional del joven, de sus padres y de sus profesores.

La rebeldía en el hogar es el ensayo de las habilidades del joven antes de entrar definitivamente en el mundo adulto. Si no la gestionamos bien y lo arrasamos con nuestra autoridad paterna, le enseñamos actitudes pasivas (evasivas) ante las diferencias de opiniones o la defensa de sus derechos. De adulto sus jefes abusarán de él y tendrá miedo de defender sus derechos. Si reacciona con actitudes agresivas que nosotros fomentamos por exceso de permisividad o de represión, aprenderá a reaccionar agresivamente en las situaciones en que sienta miedo a la frustración, no será capaz de defender sus ideas. Solo generará una actitud asertiva si le enseñamos a negociar y a entender sus emociones.

De los 16 a los 20 años configuramos una alta o baja autoestima que nos ayudará a afrontar los miedos familiares, sociales y grupales que nos acosen en nuestra etapa de desarrollo social, los correspondientes a nuestra generación. Esta época está muy marcada por las amistades y las creencias recibidas en el grupo familiar.

De los 20 años en adelante reforzamos con nuestras experiencias de vida y los sesgos de confirmación (persistencia en las creencias) nuestros aprendizajes positivos, haciendo que esas áreas de personalidad y vida funcionen sin miedo, así como los negativos que vamos repitiendo generando miedos e inseguridades en esas áreas.

> La felicidad es darse cuenta que nada es demasiado importante.
> ANTONIO GALA

Si resumimos este proceso podemos decir que el desarrollo del ser humano puede dividirse en tres fases:

Absorción (esponja)

Esta primera fase va desde el nacimiento hasta los 7 años aproximadamente. No poseemos aún un desarrollo pleno de la capacidad cognitiva. Somos conscientes, pero aún no conscientes de serlo.

Se le llama así porque la persona reacciona a los estímulos de su alrededor como si fuera una esponja. Si pasamos una esponja por encima de una superficie que contiene tinta azul, absorbe la tinta azul; si se pasa sobre aceite, absorbe aceite. Su función es absorber. Es la etapa en que aprendemos más. La capacidad de absorción es básica para la supervivencia. Las creencias que se adquieran en esta fase impregnarán fuertemente la personalidad toda la vida.

Modelado

Esta segunda fase dura desde los 7 a los 14 años. Se da más importancia a lo que presenciamos, dejamos de absorber pasivamente lo que oímos y comenzamos a evaluar las cosas.

A los 7 años ya hemos codificado en nuestra mente el 99% de nuestros parámetros de evaluación que utilizaremos para escoger, de ahí que cuestionemos a nuestros adultos pero nos comportemos del mismo modo que ellos. Si papá miente por teléfono a su jefe para no asistir a una reunión de urgencia, si miente a un vecino en el precio de un objeto para quedar bien, si engaña a mamá diciéndole que nos ha tocado un premio en la casa de juegos para que no nos riña por haber gastado dinero..., imitamos. Si cuando somos niños, nuestros adultos mienten (aunque sean mentiras piadosas o diplomáticas), codificamos en nuestra mente que «mentir es válido», no importa que nos dijeran que mentir era malo ni que nosotros pensemos racionalmente que es malo mentir: mentiremos. Es cierto el refrán popular: «Hay que predicar con el ejemplo».

Sociabilización

Durante la tercera fase, de los 14 a los 20 años, se necesita estar todo el tiempo posible con los amigos y no con los padres. Eso suele molestar a la familia ,que aún quiere ir con los hijos a la playa en lugar de que su hijo se vaya solo con los amigos. En esa época intentamos reafirmar nuestra personalidad, aunque seamos sin saberlo como nuestros padres.

> El amor ahuyenta al miedo y recíprocamente el miedo ahuyenta al amor. Y no solo al amor el miedo expulsa; también a la inteligencia, la bondad, todo pensamiento de belleza y verdad, y solo queda la desesperación mundana; y al final, el miedo llega a expulsar del hombre la humanidad misma.
>
> Aldous Huxley

Para que el niño pueda, los padres debemos fijarnos en lo positivo de él y no en lo negativo. Con ello le ayudaremos a convertirse en alguien capaz de confiar en la vida y en los demás, a tener una buena autoimagen de él mismo.

Hay que reforzarle en lugar de sancionarle, hacerle ver que nadie nace enseñado, que hay que cometer errores para aprender. Se puede llevar un diario en el que vea lo que ha ido aprendiendo, mejorando o descubriendo día a día, por ejemplo. Del mismo modo que le hacemos fotos que le muestran su desarrollo físico, un diario de su evolución personal y emocional es muy útil.

Debemos negociar y dialogar, antes que imponer. Exige mucha paciencia y autocontrol, pero con el tiempo crearemos relaciones sólidas, duraderas y de confianza.

Tenemos que motivar y dar libertad para que cometan errores en lugar de apelar al deber y el miedo. Lo que más nos permite evolucionar cuando somos niños es la curiosidad; si esta es castrada, reprimida por el «debo» y el «tengo», así como por el «miedo», no hablaríamos, no caminaríamos; no nos desarrollaríamos cognoscitivamente.

Las experiencias de «aprendizaje mediado» estimulan a los jóvenes a través de la curiosidad y la libertad de búsqueda de ideas a pensar y razonar reflexivamente sobre la vida, las personas o materias educativas. Las actitudes delimitadoras, rígidas y que nos encorsetan a aprender memorizando y sin práctica matan la curiosidad y sin ella no surgen las uniones de información ni el aprendizaje.

La sociedad ha de cambiar a través de nuestros propios actos y podemos transformarla en un entorno mejor si potenciamos:

- **La creatividad en lugar del inmovilismo.** Los grandes avances en la antigüedad han venido de la mano de personajes como Leonardo Da Vinci; en la actualidad, sin la creatividad la ciencia no evoluciona. La tecnología y sus avances van acompañados de lo estético, el diseño, que muchas veces es lo más necesario y revolucionario tecnológicamente (los nuevos coches de Fórmula 1, los aviones de gran capacidad, los trenes de alta velocidad…).
- **El amor en lugar de la dureza.** La paternidad debería poderse resumir en una sola frase: «Sé solo amor, enseña solo amor». Teniendo en brazos al niño, acariciándolo, jugando con él, escuchándolo y compartiendo sus inquietudes, estamos dando amor. No es consentirlo todo sino una actitud de atenta escucha, atenta observación y cuidadosa libertad de expresión de afecto.
- **Sensibilidad en lugar de insensibilidad.** Exigir que los políticos, mediadores sociales, publicistas, periodistas sean conscientes del daño que hacen con sus imágenes de accidentes donde muestran a personas sin importarles sus familias o vecinos. Publicidades manipuladoras de las necesidades del niño u ofensivas con los géneros y sexos, transmisoras de violencia, y programas donde el todo vale, el insulto o la calumnia es lo que vende. Políticos corruptos, insultos, gritos, amenazas y falta de respeto a los ciudadanos, que al fin y al cabo son a quienes tienen que servir, pues entre todos les pagamos sus sueldos y entre todos los escogemos para que desarrollen sus roles: gobierno y oposición.

- **Esperanza en lugar de pesimismo y fracaso.** Las noticias, los informes que nos hacen conocer, solo hablan del aspecto más feo de las cosas, personas e instituciones; y si algo o alguien hace cualquier cosa extraordinaria hay una parte de la prensa o de la sociedad que busca cómo desprestigiarlo. Potenciemos a los emprendedores y pongámoslos como ejemplo en estos momentos de crisis; demos voz a los que tienen pequeñas soluciones para que otros puedan sumarse y crear un nuevo proyecto de empresa, de pueblo...
- **Razonamiento en lugar de obediencia.** La actitud del patriarca que daba el golpe de puño en la mesa y exclamaba: «¡Aquí mando yo!» es uno de los modelos más habituales en los debates políticos. En los debates televisivos todo el mundo habla al mismo tiempo, nadie escucha a nadie y nadie entiende nada de lo que ocurre en el plató. Los juzgados están llenos de litigios entre esposos, padres e hijos, socios, vecinos. Todos quieren ganar, tener razón. Para convivir hay que saber razonar y negociar.
- **Confianza en lugar de desconfianza.** No confiar en los demás termina convirtiendo nuestra vida en una cárcel, nos estamos volviendo cada vez más paranoicos. ETA ha atentado durante décadas en este país, y no hemos dejado de ir a grandes superficies comerciales, al cine o a las fiestas populares. Desde el 11-S, y posteriormente el 11-M, miramos con desconfianza a todas las personas que nos recuerdan a los terroristas y aceptamos registros y recortes en nuestras libertades. La única diferencia es el miedo y la paranoia que nos transmiten continuamente los medios de comunicación y algunos políticos interesados en determinadas guerras. Si desconfío de los que no son mi familia porque así me lo han inculcado, desconfiaré más tarde de mi pareja, porque no es mi familia de origen; siempre será el ajeno, el de fuera, y eso dificultará la relación de los hijos con él.

- **Autoestima en lugar de humillación.** La humillación solo hace personas resentidas, con deseos de venganza, que crearán patrones sociales de vandalismo, robo y violencia. O personas sumisas con un autoestima tan baja que se convertirán en víctimas que necesitarán permanentemente ser rescatadas.

CAPÍTULO I
¿EDUCAR O ALECCIONAR?

> La educación es el arma más poderosa que puedes usar para cambiar el mundo.
>
> NELSON MANDELA

¿Se puede separar a Freud del hecho de haber nacido judío o al señor Jung de que su padre fuera ministro de la iglesia y su tía materna espiritista? No, no podemos hacerlo, ni ellos tampoco podían. No solo les guiaron sus inquietudes clínicas, sino su necesidad de respuestas a sus infancias, contradicciones y momento social que les tocó vivir.

La psicología moderna ha adaptado algunas técnicas de búsqueda de paz interior y evolución que están presentes en tradiciones religiosas y filosóficas procedentes de Asia, y las ha simplificado utilizándolas con la finalidad de relajarnos del estrés diario.

Desde siempre el ser humano ha estado en permanente búsqueda. ¿Pero qué buscamos realmente? ¿La felicidad? No, lo que llamamos felicidad sirve como reclamo para los productos de consumo y es algo desde siempre pasajero. Pasajero, porque el ser humano es altamente adaptativo y con el tiempo, con el paso de los días, normalizamos la sensación y lo que era felicidad deja de serlo. Lo que realmente buscamos es paz, como si necesitáramos retener la eternidad en un instante y con ello conseguir armonía.

Cuando nos armonizamos con lo que nos rodea, con el tiempo y con nosotros mismos, estamos en Unidad, lo que también podemos llamar estar armónicos con el Universo; el distrés[1] desaparece de nuestras vidas.

La armonía, al igual que el ritmo y los ciclos, es la esencia de la vida. Si aprendemos y enseñamos (educamos) a vivir en armonía con nuestros pensamientos, deseos, ética, con la naturaleza y lo que nos rodea, seremos y enseñaremos a ser pura vida.

En la ceremonia de unión de una pareja, los pieles rojas recordaban los preceptos que no debían olvidar al crear una familia con hijos. Hoy en día, en las reservas de Canadá, los jóvenes que están recuperando sus tradiciones y regresando a sus ancianas costumbres me las regalaron para que las publicara:

- Enseñad a vuestros hijos a aceptar el espíritu como una realidad, a creer en una fuente infinita de amor que nos abraza a todos con afecto.
- No los sometáis a convertirse en lo que no son, su éxito es ser ellos mismos. El Universo (la Madre Tierra) los ama por ser como son y no por lo que sus papás desean que sean. Ved en ellos el hijo del vecino, al que ves con afecto y reconoces sus dones (ser manitas, creativo, inteligente...), así como sus cualidades, porque no esperas nada de él.
- No les chilléis o castiguéis aunque os sintáis decepcionados, dolidos o enfadados con ellos; habladles de estos sentimientos con sinceridad. Enseñadles por medio de la reflexión, en lugar de hacerlo a base de reglas.
- Recordad y recordadles que ellos son dones del Universo, regalos de la vida. Hacedles saber que consideráis un honor participar de su crianza.

---

1 El distrés es el estrés desagradable, que va acompañado de un desorden fisiológico producido por la aceleración de las funciones: hiperactividad, acortamiento muscular, somatizaciones, envejecimiento prematuro...

- No seréis sus dueños. No proyectéis sobre ellos vuestras expectativas.
- No los comparéis con nadie, ni en lo bueno ni en lo malo, solo así sabrán que son seres completos.
- Fomentad sus sueños, así sabrán que deben confiar en sus propios deseos. Es el camino que conduce al mundo interior.
- Hacedles pensar en objetivos que merezcan la pena y que tengan un significado para ellos; es el único éxito que existe. Los objetivos desde muy niños deben tener un significado ético (plantar flores, cuidar de una mascota, ayudar a una vecina a cruzar la calle, formar parte de un voluntariado...), de generosidad y altruismo.
- Aprended y enseñadles a leer, porque nos permite saber lo que ocurre fuera de nuestro pequeño mundo, o a contar números, porque nos ayudará a ser algo más independientes; conseguir un objeto lúdico o de consumo es fomentar los valores consumistas y de satisfacción inmediata que nos lleva a ser egoístas.
- Fomentad su afán de conocimiento, pues aportará gozo, sentido a la vida y dará significado a los demás.
- Reconoced, alabad y fomentad sus dones (todos nacemos con dones que nos hacen únicos). Hacedles tomar conciencia de que sus dones pueden cambiar las vidas de otras personas (un cocinero o cocinera aporta felicidad a las celebraciones o ayuda a los que trabajan lejos de su casa, por ejemplo).
- Por último, todos somos responsables y creadores de lo que ocurre en nuestras vidas. Podemos conseguir, con nuestro trabajo, constancia y determinación, lo que queramos.

Hurones-Wendake

Miremos el desarrollo y la educación del niño desde un concepto nuevo y adaptado a los cambios que están llegando a nuestra sociedad, por lo que hemos de proponer una nueva educación, holística, respetuosa y con valores más solidarios que la que hemos ofrecido hasta ahora educadores, psicopedagogos, psicólogos, padres y la sociedad en general.

Qué necesitan saber los padres y educadores para fomentar la evolución del niño en armonía

De 0 a 1 años. Recién nacido

Actitud de los padres y familia (sociedad) hacia él: atención, afecto y amor.

La teoría de la «madre suave» es muy interesante y reveladora acerca de la importancia del apego durante los primeros años de vida. El psicólogo estadounidense Harry Harlow (1905-1981), famoso por sus estudios relacionados con la crianza y la privación afectiva realizados con macacos en la década de los 60 del siglo pasado, proporcionó una nueva visión del comportamiento humano[2] en una época en la que se consideraba inadecuado para el desarrollo psicológico y fisiológico del bebé cargarlo en brazos, besarlo, acurrucarlo, abrazarlo y en general tener contacto más allá del necesario para alimentarlo.

¿Qué nos dice este estudio? Que la necesidad de contacto es instintiva y básica en los bebés. Y que la necesidad de afecto, protección y seguridad que proporciona una madre es superior a la necesidad de alimento. El alimento es importante y necesario, pero no lo es más que el afecto. Nos revela sobre todo la importancia esencial del apego materno durante los primeros años de vida para criar hijos seguros de sí mismos, sanos e independientes.

---

2 http://nosolofreud.wordpress.com/2013/07/25/harry-harlow-un-estudio-sobre-el-apego

> Para que un ser humano sea realmente independiente debe haber sido primero un bebé dependiente.
>
> EDUARD PUNSET

De 1 a 2 años. Bebé

Actitud de los padres y familia hacia él: respeto, libertad y alimento.

En esta etapa el niño descubre que es un yo. Es una época delicada, ya que está aprendiendo que papá y mamá no son una extensión de él. Se mueve entre la tentación y la curiosidad de lo nuevo que se abre ante él pero convive con la inseguridad y el miedo que tiran de él en sentido contrario.

Esta etapa es muy valiosa, pues el adulto que siente seguridad ante las distintas situaciones de la vida a esta edad no fue condicionado por los miedos de los padres antes de cumplir los dos años.

Hay que alentar al bebé a que experimente para que desarrolle la curiosidad (sin ella no desarrollamos deseos de aprender) y valore la libertad a pesar de los «golpes» que pueda darse cuando experimenta con su entorno. Darse coscorrones es el modo en que la naturaleza se sirvió y se sirve para enseñar al niño a reconocer dónde comienza y dónde finaliza el yo. Enseña los límites y le prepara para que cuando experimente terrenos más peligrosos sepa evitar hacerse daño de verdad.

> No es lo mismo caerse que fracasar; no es lo mismo hacerse daño que llegar a la conclusión de que el mundo es peligroso.

Si le castramos con un exceso de protección (el equilibrio está en guiar su proceso, dejarlo experimentar bajo vigilancia silenciosa o dejarlo caer en lugares seguros) no podrá desarrollar su Ser interno; no confiará en sí mismo, pensará que es malo, débil, incapaz de valerse solo, o crecerá con la idea de que está rodeado de amenazas constantes. Sin seguridad, el Ser interno no puede desarrollarse, no podemos confiar (tener fe) en que la vida nos protege, que confía en nuestras capacidades y aptitudes, nos quedamos sin el *coach* interior y solo florecerá el crítico interno.

De los 3 a los 5 años. Parvulario

Actitud de los padres, familia y escuela: explorar, merecer, aprobar.
El bebé evoluciona a niño, del «yo soy» al «yo puedo». Cuando el ego del niño se da cuenta de esto, no hay quien lo pare. Está seguro de tener el mundo en su mano (y lo que sí es seguro es que tiene a su familia con el corazón en un puño).

Son como generadores eléctricos con subidones de energía, lo que hace que se conviertan en «esos locos bajitos» de la canción de Joan Manuel Serrat. El niño grita, chilla, corretea, abusa y esgrime la todopoderosa palabra «no» e intenta gobernarlo todo. En esta etapa hay que intentar canalizar su energía y curiosidad hacia tareas y desafíos que le enseñen equilibrio, si no su sed de poder desembocará en dolor, ya que es una «ilusión de poder», o si se le consiente todo derivará en un niño tirano que crecerá en desarmonía. La autoestima podrá desarrollarse más adelante en el joven si ha sido un niño que ha tenido un sentimiento de poder sano en equilibrio.

Esta es una buena etapa para animarles a aprender con puzles, a jugar con su motricidad explorando los límites de su cuerpo, a realizar algo de yoga o *mindfulness*[3] para niños, a fomentar los do-

---

[3] MBSR (*Mindfulness-Based Stress Reduction*) o REBAP por sus siglas en castellano (*Reducción del Estrés Basada en la Atención Plena*) es un método creado por Jon Kabat-Zinn del que se habla con más profundidad en el último capítulo.

nes que ya van aflorando y convirtiéndole en único, dándole la sensación de que él posee el control sobre esas áreas y nosotros somos copartícipes y facilitadores de sus actos.

De los 6 a los 8 años. Primaria

Actitud de los padres, familia y educadores: aceptación, abstinencia de juicios de valor, compartir, dar y verdad.

En esta etapa su mundo ya está socializado y pueden comenzar a entender conceptos abstractos. El bebé no comprende los motivos de las conductas de sus padres, solo las propias sensaciones que le producen nuestros actos; ahora entra en una etapa en la que puede aceptar las realidades que van más allá del yo: «Yo quiero y yo soy más importante».

Por el acto de dar entramos en contacto con las necesidades ajenas si le transmitimos el dar como una pérdida: «Yo tengo que renunciar a algo para que tú lo tengas». El niño no podrá aprender a solidarizarse ni a empatizar. El mensaje que ha de llegarle (ya que aún no capta la idea) para que pueda sentirlo es: «Yo te doy sin pedir nada, porque tú formas parte de mí». A los niños a esta edad les gusta compartir e intimar con los otros, les gustan los amigos.

Decir la verdad es un tema candente, los niños solo mienten por dos situaciones, una es la de proteger su sentimiento de seguridad y evitar el peligro del castigo que suele significar que mamá o papá «dejen de quererme», «me excluyan» o «me rechacen», y la otra es que uno de los dos (o ambos) progenitores o el cuidador habitual mienta. Las mentiras piadosas o «excusas» del adulto son mentiras en el comportamiento del niño.

Si fomentamos la actitud de «dime la verdad o te castigo» educamos algo que en la consciencia es falso. El niño solo cae en la tentación de mentir porque está bajo la presión del miedo, y miente porque ha asociado la verdad con el miedo, así que para poder dominar el miedo aprenderá a decir lo que aparentemente queremos escuchar los padres y como consecuencia nos miente.

Es importante que cuando le pedimos la verdad para poderlo defender desde un lugar de seguridad frente al adulto que ha ofendido, pudiendo así pedir disculpas o enmendar el error o para que podamos confiar en él, nuestro tono de voz sea tranquilo aunque pueda sonar más serio (sin dramatismos ni agresividad): «Si no me dices la verdad no puedo confiar en ti y eso me duele»; «Si me dices la verdad y hablamos de lo que ha ocurrido me sentiré orgulloso/a de ti»; «Piénsalo, y cuando estés preparado para quedarte tranquilo con tu conciencia y tu corazón, yo te escucharé». En la frase no deben aparecer amenazas. Recuerda: el niño nos tiene miedo.

De los 9 a los 12 años. Niños mayores

Actitud de los padres, familia y educadores: visión, juicio, independiente, discernimiento.

Piensan por primera vez por sí mismos, de forma consciente están desarrollando las bases de su personalidad y su independencia, así como su autoimagen. Adoptan aficiones propias, saben lo que les gusta y lo que no, lo que les absorbe y entusiasma. Si potenciamos este tiempo llegarán a descubrir lo que les llenará durante toda su vida (amor al arte, las letras, la ciencia, el deporte...). Es una fase emocionante para los padres seguros de sí mismos y terrorífica para los inseguros o para las familias basadas en mecanismos de poder y no de amor.

El sistema nervioso del niño a estas edades es capaz de albergar impresiones sutiles de gran importancia y profundidad para su futuro. El niño de 10 años es capaz de poseer sabiduría, y se abre ante él uno de los más preciados dones, el de la «visión personal»: ya no tiene que recibir el mundo de manos de los mayores, ve y juzga por sí mismo.

La palabra «discernimiento» aparece con fuerza, significa mucho más que distinguir el bien del mal. El niño empieza a percibir dentro de sí mismo por qué algo es verdadero o no lo es, descubre sin mediación del adulto por qué tienen importancia la verdad y el amor. Sabe si le amamos o no, si le manipulamos o le escondemos la verdad. Los razonamientos abstractos adquieren independencia y el verdadero maestro es la experiencia y no las figuras autoritarias.

De los 12 a los 15 años. Adolescencia temprana

Actitud de los padres, familia y educadores: experimentación, conciencia de sí mismo y responsabilidad.

La inocencia se transforma en pubertad, lo que significa necesidades que los padres ya no pueden satisfacer. Suele ser una etapa complicada para los padres y difícil para el adolescente.

El niño que sea capaz de seguir adelante con un bagaje de verdaderos valores será un reflejo de la confianza y orgullo (por él) de sus padres. El niño que entra en la confusión, los experimentos temerarios y en la presión o chantaje de sus amigos y/o compañeros refleja la confusión latente en su educación.

La adolescencia primera o temprana es una época de interés por uno mismo, pero también de conciencia de uno mismo. La experimentación es la forma natural de la transición de la infancia a la adolescencia. Aquí es donde descubrirá si su yo interior, su voz interior, es silenciosa y tiene el poder de elegir entre el bien y el mal basándose en su conocimiento profundo (sabio e innato del ser humano) sobre la vida. Este conocimiento no es exclusivo de ninguna edad.

Este silencio es gozoso, tranquilo y asombrosamente sabio, suele dejar perplejos a los adultos al escuchar cuando razonan o nos cuentan un pensamiento, solución o decisión desde ese «lugar». O bien habrán desarrollado un yo interior temeroso, que siente vergüenza, culpa, que confunde el bien con el mal, un duro y cruel «critico interno» que hará de su vida un lugar difícil e inseguro.

Para conseguir que las intenciones que se desarrollan en nuestro interior durante la gestación y el momento de felicidad tan inmensa al verles su carita por primera vez no se esfume en el transcurso de su crianza, porque nadie está exento a pesar de las mejores intenciones de caer en la tentación del castigo y el chantaje (aterrorizante y/o culpabilizador) que aparece por pura exasperación y frustración, hemos de examinar con calma estos momentos y observar por qué se recurre al castigo para resolver cuestiones que solo están en nosotros mismos.

Gracias a su inocencia, los niños son unos maestros inflexibles de la verdad y del amor. Si no se ejerce la paternidad con un espíritu de amor incondicional (sin expectativas ni deseos frustrados depositados en el niño), no importarán las creencias, preceptos o valores morales que se les enseñen; serán solo simples reglas muertas que descartarán en el instante que se vean libres de una autoridad que les exige obediencia.

CAPÍTULO 2
SEMBRANDO VALORES

> La única forma posible de que perduren valores tales como la confianza y la prudencia es a través de un estrecho contacto.
>
> Winston Churchill

Los valores son nuestro ecosistema interior, nuestra ética personal, aquello que se asienta por encima de nosotros y que va indicándonos el camino a seguir, independientemente de lo que la vida nos va reservando.

Existen algunos valores universales como la conservación de la vida en forma de «no matarás» o la protección de los que simbolizan la continuidad, que en nuestra cultura se transformó en caso de accidentes o desgracias en «las mujeres y los niños primero», pero cada persona, cada ser humano, adquiere sus propios códigos éticos, sus propios valores. Ningún niño nace con los valores codificados, estos se van aprendiendo según la cultura o sociedad en la que se nace y dependerán de la familia.

En el capítulo anterior veíamos que un niño no es capaz de tener un pensamiento moral hasta la segunda infancia, a partir de los 8 años de edad. Los niños criados en la selva o en el bosque por lobos (niños salvajes) carecen, en principio, de valores, excepto el universal de la supervivencia, presente en todas las especies animales.

El niño que ha evolucionado en adulto posee sus valores, su ética a través de un proceso voluntario y de reflexión. Los adultos que no han desarrollado su niño interior viven con los valores que les marca su crítico o charlatán (voz interna), imponiéndoles unos valores guiados por los que tuvieron sus padres, influidos por la Iglesia o el entorno social. Estos valores se convierten en «deberes», en exigencias inflexibles o metas inalcanzables que dejan de ser sanos para el sujeto (es decir, desadaptativos), minando su autoestima.

Los valores educacionales que recibieron los abuelos antaño no sirven hoy para sus nietos, y pueden afectar a estos últimos creándoles una gran tensión si los padres exigimos que prevalezca la forma de pensar y vivir la vida de generaciones anteriores.

Cuando los valores no encajan con la persona que los posee, esta comienza a entrar en conflicto con sus necesidades básicas, y bien la persona opta por negar sus necesidades o rompe con sus valores, lo que crea un sentimiento de pérdida e incluso culpabilidad.

Otra forma en que los «deberes» atacan la autoestima es cuando se utilizan los conceptos morales de corrección e incorrección a situaciones, gustos y conductas de características no morales. Esto ocurre cuando en la niñez los padres dicen que se es bueno si se siguen sus normas y malo cuando se quebrantan.

La dicotomía bueno-malo o correcto-incorrecto se ha incorporado a nuestro sistema de reglas por un error lingüístico. Las normas familiares establecidas para educar la seguridad y la comodidad se enseñan equivocadamente como imperativos morales.

Cuanto más se mezclan las cuestiones de gusto, juicio, preferencia y conveniencia con los valores morales, el hijo adulto muy probablemente tenga una frágil autoestima. Muchas veces habrá escuchado de sus padres que sus gustos o decisiones o impulsos son malos. Los «debes» y «tienes que» impuestos por los padres llevan al sujeto (niño, adolescente o adulto) a un dilema difícil de resolver: «Sigue las leyes que hemos creado para que sepas cómo comportarte o mostrarte o, de lo contrario, serás indigno y malo».

A más baja autoestima e inseguridad en los propios criterios, unas normas claras, rígidas e incuestionables son la seguridad y la salvación a la que acogerse fuertemente, aunque estas sean xenofóbicas o sexistas o castradoras.

> Educar no es fabricar adultos según un modelo sino liberar en cada hombre lo que le impide ser él mismo, permitirle realizarse según su "genio" singular.
>
> OLIVIER REBOUL

Los valores universales de bondad, convivencia, paz, honestidad y justicia se han enseñado de forma demasiado rígida y son los causantes del miedo y de los «tengo» y «debo» que alimentan al crítico interno.

Las características de los valores erróneos son:

- **Rígidos.** No admiten excepciones ni errores y se critican duramente: «*Siempre y sin excepción hay que cumplir, el deber si no se es una mala persona*».
- **No realistas.** No están en sintonía con la realidad de la persona: «*He aceptado que elijan mi profesión o la forma de unirme en pareja y tengo angustia porque nada ha sido elegido por mí, por lo tanto me cuesta cumplirlo*».
- **Introyectados.** Inculcados en el subconsciente desde niños y desde el exterior, sin preguntar o contar con el niño: «*Porque lo digo yo, que soy tu padre/madre/abuelo/abuela. Porque es así y así se hacen las cosas*».
- **Restrictivos.** Encaminados al cumplimiento del deber en vez del placer personal: «*Estoy casi siempre con angustia porque no cumplo lo suficiente o no doy todo lo que se espera de mí*».

> El niño, guiado por un maestro interior, trabaja infatigablemente con alegría para construir al hombre. Nosotros, educadores, solo podemos ayudar... Así daremos testimonio del nacimiento del hombre nuevo.
>
> Maria Montessori

Las características de los valores sanos son:

- **Flexibles.** Admiten errores, admiten excepciones: *«Me permito descansar, no siempre se puede estar en todo»; «Lo importante no es no caerse, lo importante es saberse levantar»*.
- **Realistas.** Sentirse bien tiene consecuencias más positivas que negativas: *«He elegido mi profesión o el tipo de pareja con la que me siento bien y realizado porque es lo que dicta mi corazón (valor)»*.
- **Convincentes, con argumentos y reflexiones, no impuestos.** Tienen sentido para el sujeto: *«Pienso y creo que es así porque la vida es mejor para todos; de esta forma yo gano y tú ganas»*.
- **Empáticos.** Tienen en cuenta necesidades y sentimientos, respetan los sentimientos y fomentan el autocuidado: *«Disfruto jugando con los niños, me gusta ayudar a los niños a aprender cosas nuevas y estimulantes, disfruto ayudando. Eso mantiene alta mi autoestima»*.

> Cualquiera puede contar las semillas que hay en una manzana; nadie puede contar las manzanas que hay en una semilla.

Una forma de sembrar los valores es ayudando a nuestros hijos a que tengan una buena autoimagen y una alta autoestima, y sembrando pequeñas enseñanzas que les sirvan para generar valores sanos. Los tres valores sanos son:

- Todo es posible si lo persigues con el corazón y la cabeza.
- Si quieres recibir algo, entrégalo.
- Disfruta del camino de la vida.

Todo es posible con pasión, preparación y perseverancia. El silencio interior fomenta la claridad mental, nos hace valorar nuestro mundo interior, nos da paz y creatividad, así como inspiración cuando nos enfrentamos a desafíos.

Como mínimo, una vez al mes debemos salir a la naturaleza con el niño, pasear por un parque, hacer senderismo, andar por la playa o por un hermoso jardín de nuestra ciudad.

La belleza de la naturaleza refleja la belleza que hay en nuestro interior. De hecho, películas como *Avatar*, *El rey león*, *Bambi*, *Hermano Oso*, *Wall·e* y muchas otras intentan conectar al niño y a los adultos de nuevo con la madre naturaleza, haciéndoles tomar conciencia de que los humanos tampoco podrían sobrevivir sin ella. En resumen, nuestra supervivencia en el planeta depende de nuestra actitud hacia la naturaleza.

Es bueno enseñar a los hijos la creatividad infinita que hay en un ecosistema. La flor depende de las abejas, las hojas que caen en el suelo alimentan a las hormigas, y así infinitamente. A los niños les encanta dejarse llevar por las maravillas de la naturaleza y tú puedes aprovecharlo para indicarles que no están solos y que son libres.

Los sentimientos de «yo puedo hacer cualquier cosa» surgen de forma natural cuando contemplamos el valle desde una montaña o el mar unirse con el infinito o el ancho cielo azul.

Los paisajes naturales nos dan humildad y unicidad, nos recuerdan lo insignificantes que somos y lo espiritualmente unidos que nos sentimos con lo infinito en la cima de la montaña o en el medio del mar cuando no divisamos las costas dentro de un barco (muéstrales las posibilidades ocultas en las situaciones familiares).

Quien ve las posibilidades que encierran las crisis sale reforzado de ellas. Pero para poder hacerlo, los padres habrán tenido que trabajar esa cualidad: ver algo diferente donde los demás ven siempre lo mismo.

Es importante enseñar a los niños a que busquen algo nuevo, diferente en las cosas y situaciones conocidas. Para poder ver cosas nuevas hace falta percepción, visión y libertad con respecto a los juicios de valor y disposición a estar abiertos.

El éxito personal, profesional y espiritual reside en todas estas cosas, y para enseñarlo a los hijos solo hay que formularse la pregunta: ¿hay otra forma de mirar esto?

> No podéis preparar a vuestros alumnos para que construyan mañana el mundo de sus sueños si vosotros ya no creéis en esos sueños; no podéis prepararlos para la vida si no creéis en ella; no podéis mostrar el camino si os habéis sentado, cansados y desalentados en la encrucijada de los caminos.
>
> CELESTIN FREINET

Todos imponemos y nos imponemos límites sin saberlo sobre el modo en que percibimos el mundo. Nos cruzamos cada día con posibilidades infinitas y no las vemos, por lo que no las aprovechamos por nuestros condicionamientos (límites) interiores que nos inducen a realizar juicios de valor constantemente. «No me gusta» (sin probarlo). «No lo entiendo» (sin darnos tiempo a pensar u observar). «Está equivocado; es malo, es aburrido…» (por miedos, inseguridad o incapacidad personal). «No hay nada que hacer» (sin darle otro enfoque o mirarlo desde otra perspectiva).

Si observas que tu hijo pequeño hace observaciones de este tipo, pídele «con sentido del humor» que busque lo que puede haber de divertido en algo aburrido, ayúdale con ideas al principio disparatadas. Pídele que observe una cualidad nueva en sí mismo o en la otra persona.

Fomenta la fantasía, la experimentación y la apertura en tus hijos. Juega con ellos a buscar otras utilidades a objetos corrientes. ¿Para qué serviría un bolígrafo si no supiéramos qué es? Es maravilloso ver cuántas cosas es un bolígrafo.

Cuando son más mayores, cuando están preparados para los conceptos abstractos, podemos enseñarles la abstinencia de juicios. Es el primer paso hacia las actitudes maduras de no violencia, aceptación y compasión.

Cuando formulamos juicios de valor proyectamos negatividad sobre esas personas y sobre esa situación y lo hacemos debido a que confundimos nuestras reacciones emocionales con la realidad. Damos la culpa a la persona que nos hace sentir pena, miedo, ira, y la etiquetamos con un juicio de valor sin pensar que esa misma persona o situación a otra persona le resulte amorosa, tranquilizadora o divertida.

No resulta fácil en un mundo como el nuestro, cargado e intoxicado de etiquetas y juicios de valor, enseñar a un niño la abstinencia de los mismos. Así que en lugar de reprimirle por hacerlo, adopta un planteamiento positivo, practica con cada hijo un día a la semana buscar en otra persona una cosa buena o que la haga digna de ser amada. Por la noche, por ejemplo durante la cena, comentad entre todos lo que cada uno haya descubierto. Con este juego aprenderán la diferencia que hay entre lo que le hagan los demás y sus propios sentimientos, entre «me has hecho una cosa que me ha hecho enfadar» y «tengo sentimientos de enfado que me enseñan cosas de mí mismo que quiero resolver».

Pero no presiones, hace falta toda una vida para ser totalmente responsables de nuestras emociones.

Enseña tolerancia y aceptación, impartiendo la creencia de que todo el mundo se comporta lo mejor que sabe y puede, y que debemos ver a la gente teniendo esto en cuenta y no esperando y sintiéndonos defraudados o enfadados porque no lo han hecho como nosotros queríamos. Los hijos crecerán con empatía, con seguridad y conscientes de que «todo es posible» y de que «el mundo es un lugar bello donde vivir».

Entregar para recibir

Haz una hermosa cartulina con forma de estrella y en el centro pega (o hazlo con el ordenador si te desenvuelves bien con él) una fotografía de tu hijo. En las esquinas de la estrella cada miembro de la familia: padre, madre, abuelos y/o hermanos, canguro habitual, escribe una cualidad del niño/a protagonista de la estrella.

Regálasela para colgarla en el techo o pegarla en la pared que ve nada más levantarse. Ha de estar a la vista para que pueda verla muchas veces al día. De vez en cuando, que el padre y la madre la lean con el niño, mientras le dan un beso o una caricia.

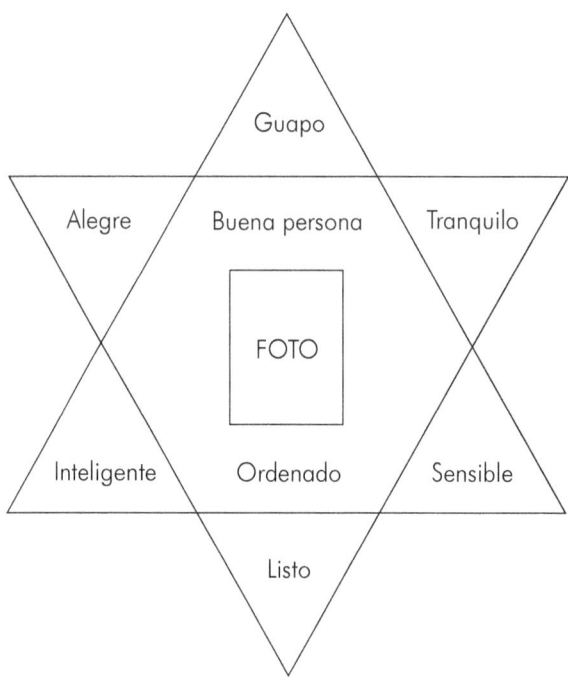

Regalándole autoestima al niño, él devolverá autoestima, confianza y seguridad en sí mismo. A los niños les encanta entregar, dar; cuando se niegan a hacerlo es porque están reflejando actitudes que ven en los padres. Un padre que le dice a su hijo: «Sé bueno, comparte tu chocolate con tu hermana y así yo te premiaré» le está enseñando miedo a la carencia y a la pobreza, le enseña al ego del niño a poseer, a retener. El mensaje no es natural, es forzado: «Si no compartes, si no das, serás castigado». No es un dar con amor.

En cambio, si alabamos sus actos en la entrega generosa, le felicitamos, se sentirá lleno y que nada le falta porque el bienestar emocional ha compensado el poquito menos de lo que ha compartido.

Estableceremos la costumbre de regalar a algún miembro de la familia delante del niño una palabra bonita, una sonrisa a los vecinos, una palabra de ánimo a un hermano o al padre que tenga algún reto que afrontar o ayudar en una tarea que no conste entre sus obligaciones diarias.

Cuando las personas olvidan el arte de entregar (dar), regresan a un estado primario de conciencia igual al del niño muy pequeño, piensan que si dan o sueltan algo lo perderán para siempre.

Para asegurarte de que el sentimiento les resulte agradable concibe la entrega como un compartir (hasta los 3 años), si hay dos caramelos, es mejor que uno sea para el niño y el otro para el primo o el amiguito que está con él.

A los niños mayores es bueno regalarles una sonrisa, una palabra amable o un acto de ayuda como dejar sentar a una embarazada en el autobús o ayudar a una persona con limitaciones físicas.

A partir de los 12 años se les puede enseñar a entregar cosas. Es cuando debemos explicarles que aferrarse a las cosas produce dolor y afloran en nosotros sentimientos egoístas. Así que le ayudaremos con nuestro ejemplo a tratar a los extraños con amabilidad y a introducirlos en su grupo, a felicitar al contrincante en un partido o en un juego cuando nosotros hemos perdido.

A la hora de recibir, hay que hacerlo con humildad y elegancia. Dar es mucho más fácil que recibir; muchos adultos reciben las cosas, los gestos, las ayudas con orgullo, sin amabilidad, marcados por un sentimiento de minusvaloración y de no necesitar la ayuda o los favores de nadie.

En los niños recibir es un acto natural, pero al ir haciéndose mayores su ego comienza a cegarles. Debemos recordarles que cuando ayudamos a alguien o le regalamos algo no lo hacemos para humillarle; cuando alguien nos da, hay que recibir con alegría y disposición. Aceptando su ayuda, su gesto, su acto, estamos regalándole amor y aceptación. De modo que nos llenaremos de amor, y de ilusión, porque en ese gesto reconocemos lo mismo.

Luego tenemos el agradecimiento. Las personas agradecidas son más felices, se adaptan mejor a las circunstancias de la vida y se sienten realizadas.

Por la mañana daremos las gracias por haber dormido bien, o por los zapatos bonitos que calza el niño. Al salir a la calle daremos gracias por las cosas bonitas que veamos. Los más mayorcitos revisarán con nosotros las cosas buenas que les han ocurrido durante el día. Los padres también rememorarán algo bueno y en voz alta expresarán lo agradecidos y afortunados que se sienten por cada una de las cosas.

Por ejemplo:

- **Padres.** «Hoy ha sido un día tranquilo en el trabajo, agradezco la paz y la tranquilidad. Soy afortunado por tener mi trabajo» (no importa si buscamos otro mejor, ese es el que tenemos ahora y es mucho mejor que nada).

- **Hijos.** «Hoy he visto una mariposa volar en el patio del colegio y me ha fascinado. Doy las gracias por haberla visto y por la ilusión que he sentido».

Por muy estresados o llenos de actividades que estemos, hay que ejercitar la atención consciente para recordar que la vida es un don; cuanto más gratitud, más amor por la vida. Hay que disfrutar del camino de la vida.

> Toda la vida es un experimento. Cuantos más experimentos hagas, mejor.
>
> RALPH WALDO EMERSON

Enseñar el Yo verdadero

Caemos casi siempre en la tentación de estar apegados a algo, aferrarnos a nuestras cosas, a nuestras opiniones, a nuestro orgullo, a nuestro trabajo, a nuestros hijos. A mí, «esto es mío»... Ello ocurre como consecuencia del miedo.

Tenemos miedo de la vida, del destino por considerar que es indiferente, distante, incierto, incontrolable, así que centramos nuestras energías en algo más tangible y limitado, el yo que suponemos que debe protegernos. Pero ocurre lo contrario, el ego nos impide expansionarnos y encontrar la conexión y la paz en el Ser. Esto suele marcar la diferencia entre el yo y el Yo. El yo es ego aferrado a su mundo limitado por el miedo; el Yo (con mayúscula) es el Ser interno, ilimitado, que no se aferra a nada porque vive en armonía.

El desapego es el instrumento esencial que permite disfrutar del viaje de la vida, y ese disfrute es esencial en el logro del éxito personal (entendiendo éxito como sinónimo de realización, no de fama o de poder).

Busca entre las muchas colecciones de cuentos que hay algunos que veas adecuados a vuestra filosofía de vida como padres o si practicáis alguna religión; seguro que conoceréis fábulas que os servirán para explicarle al niño cuál es su Yo. En casi todas las culturas se les cuentan a los niños relatos de Dios, del Cielo, ángeles, hadas..., que aunque las aceptan como imaginarias, para ellos son más reales que el mundo que los rodea.

Para ayudarles a perder el miedo a la incertidumbre y que confíen en su Yo superior, puedes con los niños más pequeños organizar sorpresas. Las sorpresas agradables dan alegría a quien las recibe y también a quien las organiza. Recuérdales que la vida también nos sorprende con oportunidades nuevas y agradables de vez en cuando.

Para los más mayores, la incertidumbre es angustiante. Es importante preguntar a los niños (de 5 años en adelante) si alguna cosa nueva les produce miedo. Es tan fácil como: «Sé que nunca habías hecho esto, ¿te da un poco de miedo?». O: «Yo también tenía algo de miedo cuando hacía una cosa nueva o iba a algún lugar nuevo». Si ante una angustia del niño no tenemos respuesta, sé humilde y expresa tu incertidumbre en términos positivos, destaca la realidad de que existen muchas respuestas y que lo divertido es darnos cuenta de que, por mucho que ya sepamos, nos queda por aprender.

Enseñar a perder cosas

El dolor que experimentamos ante las pérdidas se debe a nuestras expectativas, esperamos que el hecho de tener algo o a alguien nos hará más felices, y el hecho de no poseerlo muy infelices.

Para evitar este dolor hay que enseñarles a los hijos a buscar la felicidad en las cosas interiores más que en las exteriores.

Hay que dejar que el niño manifieste su dolor por la pérdida, pero dándole la dimensión correcta. Por ejemplo: «Sé que te sientes mal, pero era solo una cosa [un balón, una muñeca, un juguete], y tú estás aquí por razones que importan más que las cosas que posees o dejas de poseer». ¿Y cuáles son estas razones? Si el niño formula esta pregunta, contéstale con respuestas como:

- «Estás aquí para descubrir cosas de todo tipo».
- «Estás aquí porque cada uno de nosotros tiene algo que dar para que el mundo sea algo mejor: el invento de la fregona, la lavadora, las naves espaciales, los médicos, los camilleros...».
- «Estás aquí para aprender a ser feliz de muchas maneras».
- «Estás aquí para que mamá y papá te quieran».

Cada afirmación tiene que subrayar el concepto de que «yo» soy único, creado y creador y amado, y las pérdidas «no me hacen daño».

Son incontables las personas que en nuestra sociedad crecen pensando que sus problemas se resolverán cuando tengan suficiente de algo: dinero, fama, poder, belleza, delgadez, edad, nivel social... Pero la vida son ciclos que se repiten: pérdidas-ganancias-nacimiento-muerte.

> Todo nombre o etiqueta con que te identifiques es falso: tu Yo verdadero no tiene límites ni nombres y está por encima de todas las etiquetas.
> La clave del éxito es confiar en ti mismo y no en lo que consigues.

CAPÍTULO 3
EL NIÑO

El niño en su primera y segunda etapa es sobre todo una persona que aprende por imitación y por ensayo-error, con un pensamiento mágico (inicialmente), poco lógico-analítico y egocéntrico; que lo que menos necesita es que los padres incumplan las normas de la educación consciente y cometan los errores de una educación basada en dinamitar inconscientemente al niño.

Educar significa entender qué es ser un niño

El niño nace sin saber que ha nacido, que ha sido expulsado del paraíso y lo tiene que aprender todo. Ha nacido sin ningún concepto previo de las cosas, entra en una familia a la que tiene que adaptarse y todo lo que ve, oye, huele y siente es nuevo y desconocido para él. Es una esponja que absorbe el líquido en el que se sumerge. Si es tinta azul, será azul, y si es roja, será roja. Todo lo asume como Verdad Absoluta y Única. Carece de experiencias previas con las que poder comparar lo que está viviendo y cree que todo lo que ocurre en su familia es lo que debe ocurrir en todas las otras familias. Busca adaptarse todo lo que puede al ambiente en el que crece y establece vínculos y alianzas con sus padres y hermanos.

Hay que tomar conciencia de que las conductas del niño son aprendidas y que el ambiente, tanto de crianza como escolar, le afectará al límite de que según sea dicho ambiente activará o no enfermedades genéticas (epigenética).

El niño es aún a edades tempranas mucho más inocente de lo que sus actitudes externas nos pueden hacer pensar (aires de suficiencia o agresividad), que son simplemente ejemplos de las habilidades concretas que han aprendido.

Aprendizaje por ensayo-error

El niño tenderá a imitar lo que ve que hacen sus padres, abuelos o hermanos e irá probando, ensayando conductas, buscando cuáles le dan resultado y cuáles no.

Las que le den resultado serán reforzadas y el niño tenderá a repetirlas por considerarlas buenas para él (gritos, llanto, pataletas, pedir las cosas con un «por favor», dar besos o hacer pucheros); las malas serán las que no le den resultado, no son reforzadas y se extinguirán.

Los refuerzos son los actos que realizan los adultos que cubren las necesidades básicas del niño: afecto, seguridad, aprobación, reconocimiento... ¿Qué es un *no* refuerzo? Pues todo aquello que no le permite cubrir sus necesidades básicas como indiferencia, abandono, reproche, rechazo...

Hay que salir de la creencia errónea tan extendida entre los adultos de que los niños son intencionadamente malos. Sus conductas no son más que tanteos para saber si van por la línea adecuada o no para cubrir sus necesidades de amor, y el camino es el que los adultos, padres, abuelos, cuidadores, profesores les estamos enseñando y marcando, consciente o inconscientemente.

Recientes ensayos psicológicos demuestran que el ser humano distingue casi desde que nace entre el bien y el mal. Y los bebés toman partido por lo primero. Al contrario de lo que piensa la creencia popular, los niños saben distinguir el bien del mal desde una edad muy temprana, a veces a partir de los tres meses de vida.

Los bebés de 4 a 6 meses demuestran predilección por quienes obran de manera correcta casi en el 100% de los casos. Y a los 10 meses lo hacen en el 87%. La moralidad viene de nacimiento[4].

Un estudio dirigido por la psicóloga Abigail A. Marsh en 2011 determinó que un gen estaba relacionado con los juicios morales en situaciones límite. Los bebés de un año y medio prefieren tomar la misma comida que otros de su misma edad que se portan bien[5].

> *«Qué puñetera. Es tan pequeña y mira, se pasa el día durmiendo y por la noche llora y llora hasta que la cogemos en brazos. Ayer le pegué en el pañal para que aprenda. Yo trabajo y tengo que descansar por la noche».*
>
> *«Mi madre me ha dicho que tengo que aleccionarla dejándola llorar si era necesario toda la noche y sentenció: "Ya se sabe, son más listos que nosotros si dejas que se te suban a las barbas"».*

Las dos jóvenes que comentaban esto daban por sentado que un bebé de 3 meses ya sabe cuándo es de día y cuándo de noche; me gustaría saber cómo se lo hemos explicado y enseñado si justo está sabiendo que su madre o el biberón no son una extensión de él mismo; y presuponemos malicia en su llanto («ya que sabe que trabajo, no me deja dormir para fastidiarme»), ¿con qué finalidad?

Con esos azotes, ¿cuánta seguridad, amor y confianza ha percibido de nosotros el niño (bebé)?, y ¿cómo ha comprendido que es de noche y hay que dormir?

---

4 http://www.yale.edu/infantlab/Welcome.html. Infant Cognition Center, Yale University (Estados Unidos).

5 Abigail A. Marsh y Kiley Hamlin, University of British Columbia, Vancouver (Canadá). http://bloggingheads.tv/videos/16117 y bit.ly/H3arhk.

Pensamiento mágico, no lógico, no analítico

Para que la percepción y la formación de pensamiento tengan lugar en el niño, tendrán que transcurrir de dos a tres años desde que nazca. Hasta entonces razona en una especie de pensamiento mágico en el que se funden realidad y fantasía, donde percibe y cree que sus padres son dioses todopoderosos.

No conocen a otros padres, no tienen idea de si lo hacen bien o mal, si son mejores que otros o peores, asumen sin cuestionar todo lo que les dicen sus progenitores, sea cierto o no. Forma parte de los mecanismos de supervivencia, es algo innato: la idealización garantiza la supervivencia.

> Los niños interiorizan las reacciones de sus padres de forma exagerada. Cuanto más fuera de control está el progenitor, más amenazada está la seguridad del niño.
>
> JOHN BRADSHAW

El pensamiento mágico (poco lógico) del niño identifica lo que hace el niño con él. «He hecho esto, luego soy así: si me alaban, soy bueno; si me regañan, soy malo».

Cuando no desmentimos esta asociación, sino que se refuerza («te has hecho pipi encima, qué malo eres»; «me has dado una patada, me voy, ya no te quiero»), el niño lo integra y va generando sentimientos de culpa como parte de su futura personalidad. Necesita encontrar un hilo conductor, dar coherencia a todos los estímulos incuestionables que transmiten sus padres y el mundo exterior y equilibrarlos en su mundo interior, todo ello en un pensamiento que confunde identidad con actos, y a la persona con el exterior. Por todo ello es importantísimo el comportamiento, tanto físico como verbal, de los padres hacia el niño.

Un ejemplo de lo que no hay que hacer es el «mensaje paradojal», que consiste en estimular o provocar una respuesta en el otro y después quejarse porque se ha dado dicha respuesta, en un clima en que no se puede metacomunicar (o hablar sobre lo que ha pasado) y en un contexto de importancia vital para el niño y sus padres.

En este tipo de contexto interaccional, el niño o joven nunca puede ser confirmado en sus mensajes. Si responde a un estado, lo hace mal según el otro, de manera que no hay forma de acertar y eso afecta seriamente la identidad del niño. Se sabe que este tipo de comunicación puede precipitar la esquizofrenia en el joven con antecedentes familiares.

La ironía y el humor utilizan mucho el mensaje paradojal.

Una joven de 15 años que había sido ingresada en un centro médico por petición de los padres y la asistenta social debido a huidas del hogar en repetidas ocasiones se alegró mucho al ver a su madre, que la visitaba después de dos meses de internamiento, e impulsivamente corrió a abrazarla. Ante la reacción de alegría de la hija, la madre reaccionó poniéndose muy tensa.

La niña se sonrojó ante la situación, y la madre con mucha parsimonia y más relajada, le dijo: «Querida, no te has de avergonzar con tanta facilidad ni temer tus propios sentimientos».

La niña solo pudo seguir al lado de ella pocos minutos, y después de irse hacia su habitación golpeó a una enfermera.

Si escucha el mensaje verbal, la niña muestra sus sentimientos, pero al hacerlo la madre se siente muy tensa y la rechaza; si atiende el mensaje no verbal y se distancia también es rechazada o en este caso criticada.

Haga lo que haga siempre estará mal, lo que lleva al niño o al joven a una situación sin salida, y eso le provocará evasión o agresividad.

Un padre decepcionado me contaba: «Siempre que juego con él al parchís o a las damas o a cualquier juego intento ganarle [cosa fácil ya que tenía 6 años] para que aprenda a perder. A mí no me gusta perder, y cuando le gano me regodeo con mi éxito y cuando él se enfada porque ha perdido [ha sido «humillado»] le explico que tiene que aprender a perder, que es bueno saber perder. Pero ahora no quiere jugar conmigo ni participar en ninguna actividad que tenga que ver con competir. Es un mal perdedor y un "cagao"».

Es evidente que el padre seguía sin saber perder y con sus actitudes humillaba al hijo mostrándole su poder sobre él, con lo que estaba educando al niño bajo el «síndrome de indefensión aprendida»[6]. Le había convencido de que siempre sería un perdedor y no podía hacer nada para cambiarlo.

Egocentrismo

Hasta los 8 años una persona no ha podido desarrollar cognitivamente la capacidad de empatía, elemento básico para no ser egoísta. A partir de esa edad aproximadamente, el niño podrá sentir cómo se siente otra persona. Sus comportamientos altruistas son actitudes benéficas que les gusta a sus padres que él realice, pero no esperemos de él un comportamiento de corrección moral de forma voluntaria, porque aún no es capaz.

Ahora bien, lo que sí le ocurre es que todo se lo toma como una cuestión personal. Todo lo que ocurre a su alrededor es por-

---

6 Tecnicismo que se refiere a la condición de un ser humano o animal que ha «aprendido» a comportarse pasivamente, con la sensación subjetiva de no poder hacer nada y que no responde a pesar de que existen oportunidades reales de cambiar la situación aversiva, evitando las circunstancias desagradables o mediante la obtención de recompensas positivas.

que él lo ha hecho bien o mal, porque se le rechaza o se le quiere; su pensamiento es egocéntrico.

Funciona ante la mala cara de su madre o de su mejor amiga, pensando: ¿qué le he hecho? En lugar de: ¿qué le pasa?

> Los niños no son moralmente egoístas; de hecho, ni siquiera son capaces de desarrollar un pensamiento moral hasta los 8 años. Incluso a esa edad, su pensamiento incluye muchos elementos egocéntricos. Los niños no son capaces de adoptar un pensamiento puramente altruista hasta los 16 años.
>
> J. Bradshaw

El egocentrismo forma parte de las relaciones básicas de afecto, reconocimiento y seguridad que el niño busca como mecanismo de supervivencia. Pero este egocentrismo hace al mismo tiempo vulnerable al niño, ya que tiende a personalizar, sentirse el centro del Universo y el causante de lo que ocurre a su alrededor, al tiempo que van desarrollándose los límites entre los otros y su Yo. Por ello los niños se sienten responsables de las cosas que han ocurrido aunque no tengan nada que ver con ellos.

«Mamá me decía "me matarás" y ya ves, la maté», me contaba una jovencita de catorce años ante la muerte de su madre por un derrame cerebral.

Es necesario que aprendamos a tener en cuenta todos estos factores si queremos querer y aceptar al niño que fuimos un día y con ello querer y comprender a nuestros hijos, y dejar de ver en ellos a manipuladores y egoístas.

> Una buena cualidad puede imponerse a muchos defectos.
>
> L. Ribeiro

La receta para que un niño tenga una alta autoestima no es consentirlo en exceso, ni mimarlo protegiéndolo de todo; al contrario, estas acciones son un factor de riesgo que solo hace que aumenten las posibilidades de que el niño desarrolle un comportamiento provocativo e incluso desafiante. Para poder distinguir si los niños poseen una autoestima alta o baja, nos basaremos en las características que representan a cada una.

Características autoestima baja	Características autoestima alta
Creen que no pueden hacer nada bien	Muestran entusiasmo por las actividades nuevas
Piensan que hacen todo peor que los otros	Son cooperativos, siguen las reglas si son justas
No quieren intentarlo, saben que no les irá bien	Juegan sin problemas solos o con otros
No tienen buena opinión de ellos	Tienen buena opinión de ellos
Piensan que nada les sale bien	Son creativos y tienen ideas y opiniones propias
Nunca tendrán éxito	
Piensan que serán rechazados	Se muestran contentos, llenos de energía, muestran lo que sienten
No piden ayuda, sienten vergüenza	Hablan con otros niños sin esfuerzo
	Hacen amigos fácilmente

Un ejemplo de cómo de manera inconsciente potenciamos la baja autoestima está representado en lo que me contaba una madre sobre su hijo: «Seguimos las orientaciones que nos diste y ahora está en el High School (EE. UU.) estudiando bachillerato; como ellos son tan malos jugando al fútbol, es el mejor, también es bueno en baloncesto y al tener allí menos nivel su bachillerato que aquí [en España], está sacando muy buenas notas. ¡Claro!, está muy motivado, pero ya le hemos dicho que no se haga ilusiones, que cuando regrese en segundo volverá a fracasar porque serán más exigentes».

En lugar de reforzar su conseguida autoestima, la hundimos, quitándole mérito personal. No vemos que está en un país lejano, sin nosotros, estudiando en un idioma que no es el suyo y sumergido en costumbres sociales distintas. Y si miramos las estadísticas sobre el fracaso de nuestro sistema educativo, ¿en base a qué han decidido los padres que el americano es un bachillerato para tontos? Lo han decidido simplemente porque su hijo saca buenas notas y no conciben que pueda cambiar, sentirse motivado y por ello tener éxito en los estudios.

CAPÍTULO 4
PERSONALIDAD

La personalidad se va generando a través del temperamento del niño así como de las reacciones que tiene ante determinadas situaciones sociales.

Existen tres rasgos de carácter que son bipolares, que a lo largo de la evolución y desarrollo individual del niño irán permaneciendo constantes y nos definen o nos individualizan generando el estilo de cada persona. Estos tres ejes conductuales básicos sobre los que gira la personalidad son:

- Solidaridad/egoísmo.
- Pacifismo/agresividad.
- Dependencia/independencia.

A partir de los 8 meses aproximadamente (cada niño tiene su propio ritmo de maduración y desarrollo), el bebé comienza a tomar conciencia de sí mismo, y pueden observarse reacciones predominantes en cada uno de los ejes.

Alrededor de los 2 años, ya podemos ver al niño respecto a las elecciones y posicionamientos en los ejes. Si observamos a un grupo de niños jugando en el patio del colegio o en los vestuarios de la piscina en segundo año de parvularios (4 años aproximadamente), veremos que cada uno reacciona diferente ante la misma situación.

David le pide a su madre que se quede y le ayude a cambiarse. Juan, que ve a otro niño compungido porque se ha dejado el gorro de baño y no podrá nadar con el resto de la clase, le deja el que él tiene nuevo de recam-

bio, y Miguel sale disparado y al momento preparado hacia la piscina para ser el primero en meterse en el agua.

Si observamos, cada uno de ellos está en un extremo de uno de los ejes.

En el eje de la dependencia/independencia vemos que David está en el extremo de la dependencia, en cambio Miguel se encuentra en el extremo del mismo eje, pero él es independiente (ha sido autosuficiente).

En el eje de la solidaridad/egoísmo, Juan ha pensado primero en ayudar a un compañero antes que ser el primero en entrar en el agua como ha hecho Miguel; Juan ha sido solidario.

Lo vemos constantemente en reuniones de amigos con hijos, en familia, entre los propios hijos... Los hay que suelen compartir sus juguetes sin protestar y los que los defienden agresivamente; los que lloran y se quedan bloqueados frente a los gritos, empujones o arañazos de los otros niños.

Estas conductas no pertenecen al campo de lo aprendido sino de lo innato. Son rasgos, características que se modulan, apaciguan o empeoran mediante la educación, pero en momentos extremos surgirán como mecanismos propios de defensa.

El ser humano es dual y ante el peligro lucha o huye. Esta ambivalencia que repetimos con el bien y el mal forma parte de nuestra condición. Somos lo que somos y solo a través de nuestros errores podemos aprender. Este aprendizaje es posible que nos lleve toda una vida.

El niño tiene que ensayar durante su infancia y adolescencia para conseguir la pericia necesaria en el autocontrol y expresión de sus sentimientos. Al estar aprendiendo se equivoca y con frecuencia se porta mal.

No nacemos enseñados y adaptados al lugar del mundo en que nos han traído nuestros padres, sino que aprendemos. Así que en el aprendizaje vamos probando las distintas estrategias emocionales.

Podemos como padres pasar el tiempo quejándonos de su carácter e intentar que se vuelva sumiso y maleable o decidir qué ventajas adaptativas tienen su fuerte personalidad y su tozudez y ayudarle a que le saque partido convirtiéndolo en voluntad y perseverancia.

La timidez del niño, que suele ser muy perseguida por los padres, bien conducida le puede convertir en una persona agradable, prudente y equilibrada.

Los defectos pueden cambiarse y corregirse; se aprende a comportarse bien, pero para ello hay que identificar qué debemos cambiar, y los padres son necesarios, indispensables en esa función. Pero para ello no hay que disimular los defectos o sobreproteger al niño delante de los familiares, vecinos o profesores. Los hemos de hacer conscientes de lo que no funciona y darles estrategias que ofrezcan soluciones. Con ello los haremos crecer y madurar positivamente.

Aceptarle tal como es (no me canso de repetirlo) es fundamental para que crezca seguro de sí mismo. Sea alto o bajo, moreno o rubio, despistado, tímido, tozudo o terco, será feliz si cree en su fuero interno que puede serlo.

Estamos pocas horas con nuestros hijos, nuestra sociedad actual no concilia familia y trabajo, así que es natural que se nos escapen matices de la personalidad, ilusiones y preocupaciones de los hijos.

Es una pena que cuando alguien se plantea ser padre o madre siempre aparece alguna frustración personal disfrazada de meta lógica: «Quiero que mi hijo consiga todo lo que yo soñaba»; «Seré el mejor padre/madre del mundo», pero en lugar de saber lo que desea el niño, le vamos imponiendo nuestros objetivos o deseos.

Hace tiempo escuché una conversación de un padre con su hijo de 13 años. Iban de colonias de esquí con el colegio; el niño quería esquiar, pero el padre le obligó a apuntarse con el grupo de *snowboard*, argumentando que era menos peligroso y se podía hacer menos daño que practicando esquí. El niño cedió por no tener preocupado a su padre y por el temor de que si no aceptaba le prohibiera ir. Todos sus amigos se apuntaron a esquí.

Este padre ¿pensó en el bien de su hijo o solo pensó en sí mismo? Los accidentes pueden ocurrir en cualquier modalidad de deporte, en el mismo hecho de salir a la calle o incluso dentro de casa.

Ese padre mostró que no confiaba en su hijo ni en sus capacidades para sobrevivir en la vida.

El niño solo desea que se le acepte y se le quiera. No hemos de intentar ser «superpapás» sino disfrutar de la aventura de criar, educar y ver crecer al niño.

Para que haya una relación sana entre padres e hijos hay que tener en cuenta algunos aspectos:

- Sobreproteger impide crecer.
- Hay que fomentar el respeto.
- Se deben marcar unas normas y ser el primero en cumplirlas.
- Hay que equivocarse para aprender (es válido para ambos).
- Confiar en las posibilidades de tu hijo.
- Mostrar cariño y ternura.
- Valorar más sus éxitos que sus fracasos.
- Tener en cuenta el esfuerzo, no el resultado.
- Si puede, poténcialo, ayúdalo a mejorar.

Los temperamentos infantiles

Ciertamente, los hijos desconciertan, invaden el tiempo de intimidad, privacidad o de descanso; agobian, ponen nerviosos, provocan discusiones, sacan de sus casillas a los educadores (maestros, canguros, padres), de pequeños no dejan tiempo para nada..., pero tampoco sabemos vivir sin ellos.

Ya sé que el oficio de padres no es fácil, por experiencia profesional y propia. Soy madre de tres hijos, por eso puedo asegurar que es también la aventura más hermosa y gratificante. Invirtiendo un parte del tiempo que les dedicamos en conocerlos, se les puede ayudar y disfrutar con ellos, viviendo y compartiendo su desarrollo y crecimiento.

La sociedad actual exige la perfección, y eso nos hace desear esa perfección en los hijos. Se desean niños perfectos: obedientes, dóciles, buenos comedores pero no obesos (han de ser físicamente perfectos también), buenos estudiantes y que no den problemas. Para que existieran niños así tendrían que existir padres perfectos, vecinos perfectos, una sociedad perfecta...

Hay que dejar a un lado las etiquetas e intentar ver el amplio espectro de características y matices que existen. Hay muchas características que hacen a cada hijo único y especial. La diversidad de caracteres (las diferencias individuales) es lo que hace iguales a los seres humanos.

Hay que aprender a no enjuiciar, y eso pasa por no hacer comparaciones. Conocer bien a nuestros hijos, saber cuáles son sus defectos y sus cualidades, sirve para que se les pueda ayudar a sacar lo mejor de ellos mismos.

Un niño imaginativo, que inventa historias, cosas, juegos, no es un mentiroso, es fantasioso e imaginativo (no se debe confundir con la tergiversación premeditada de los hechos), es un futuro escritor, cineasta, artista o inventor científico. Un tímido o reservado puede hacernos sentir angustiados por sus silencios o bien podemos valorar su prudencia y su capacidad de observación. Por su parte, un tozudo nos llevará a enfadarnos y a luchar si hay necesidad de doblegarle, o podemos ayudarle a que transforme su tozudez en perseverancia y voluntad.

La infancia es una etapa de aprendizaje en la que se van desarrollando los rasgos de personalidad y aprendemos a conocernos. Hay que ayudar a los niños a que aprendan de sus errores, rectifiquen y encuentren su propio camino.

Ya desde pequeños se distingue si un niño es nervioso, activo o muy activo, si duerme mucho, si está atento a todo lo que ocurre, si es descarado y social. Dependiendo de si nace el primero o es el más pequeño, y del ambiente (conservador, religioso, bohemio, urbano, rural), escogerá determinados roles culturales que influirán en sus pautas de comportamiento.

En la construcción psicológica de un individuo, la influencia de los hermanos es incluso a veces mucho mayor que la de los padres, ya que la relación paterno-filial es una relación de eje vertical, lo que nos han transmitido y/o lo que nos ha faltado de ellos y de las generaciones precedentes; con los hermanos la relación es un eje horizontal, estamos hechos de la misma pasta, y aunque seamos los mayores, en parte estamos moldeados o maltratados por ellos. Pero ya hablaremos de este capítulo de nuestra vida tan importante algo más adelante.

Los siete tipos de temperamento infantil

ACTIVO	
Característica	**Actividad a realizar**
Muy movido, es insaciable Es inagotable, corre, salta, habla mucho, recorta, pinta, sube, baja, tira... Acapara la atención de todos Es cansino y tiene pocos amigos, aunque él se relaciona con todos	Hay que enseñarle a tener tiempos de paz con artes marciales, yoga para niños, deportes de grupo y relajación (ver algún ejercicio en el último capítulo)

AVENTURERO	
Característica	**Actividad a realizar**
Se identifica por sus ¿por qué? Lo quiere saber todo Es tremendamente curioso, lo ve todo, no se le escapa nada de su entorno	Si potenciamos su curiosidad hacia el conocimiento será un gran investigador, historiador, o lo que él se proponga

GRUÑÓN	
Característica	**Actividad a realizar**
Nunca está satisfecho Su respuesta favorita es "no" Busca siempre los tres pies al gato Es tozudo y cuesta hacerle cambiar de idea Todo lo nuevo y desconocido le genera incomodidad Es rutinario	Habrá que estimularlo hacia la positividad y darle herramientas que le permitan perder el miedo a lo nuevo

IMPULSIVO	
Característica	Actividad a realizar
Sonriente, se va en brazos de cualquier extraño No tiene miedo a los desconocidos y parlotea o hace gorgoritos a todo el mundo	Será un niño sociable pero habrá que enseñarle la paciencia

MIEDOSO	
Característica	Actividad a realizar
Busca la protección de los padres Se encuentra a gusto sin salir de casa Prefiere ver dibujos y actividades tranquilas que jugar o correr Pide ir acompañado al baño, no quiere ir a dormir a casa de nadie, pide dormir con la luz encendida No quiere ir de colonias con el colegio	Hay que empujarle poco a poco a hacer las cosas que le dan miedo, negociando para que aprenda a confiar en él y en los demás

PRUDENTE	
Característica	Actividad a realizar
No quiere apartarse de los padres. Se esconde detrás de las piernas Le cuesta soltarse y dar sus primeros pasos No surge de él la relación con los otros Es un poco inseguro y tímido Le cuesta probar cosas nuevas y le angustia todo lo que sale de sus rutinas	Hay que ayudarle a que haga cosas con niños de su edad, deportes de equipo, teatro para niños... Llevarle con nosotros a sitios como el parque de atracciones, para que se suelte

TRAVIESO	
Característica	Actividad a realizar
Es un peligro, hay que estar todo el tiempo pendiente de él Trepa por todas partes Se le ocurren ideas descabelladas	Hay que enseñarle prudencia y buscar juegos seguros que lo estimulen, Tai Chi o Chi Quon, Aikido o cursos de circo lo ayudarán a calmarse

Conocer al niño

Como padres, debemos encontrar un punto intermedio entre una educación autoritaria que utiliza las amenazas, los castigos, las prohibiciones y que da como resultado niños humillados, avergonzados o rabiosos y vengativos, y del otro lado una educación consentidora, que no conoce los límites, que produce niños mal educados y violentos, los actualmente llamados «niños emperador».

La solución es un cambio en la actitud de los educadores, con estrategias que puedan utilizarse en situaciones conflictivas. Para conocer a un niño (tanto si se es el progenitor, un tutor o un profesor de escuela) hay que:

- Observarlo en distintas situaciones de su vida cotidiana sin que sepa de nuestra presencia (esto puede condicionar su conducta y que no actúe con libertad).
- Escucharlo atentamente, mirándolo a los ojos; si es necesario nos pondremos en cuclillas o le subiremos a él.
- Compartir sus juegos.
- Confiar en él, y hacerlo con hechos más que con palabras.
- Dejar que se equivoque y evitar corregirle. Esperar a que nos pida ayuda, consejo o aprenda por sí mismo.

- Ponerlo a prueba de vez en cuando para ver cómo se las ingenia solo y qué recursos tiene, y transmitirle la sensación de que va superándose y creciendo.
- Huir de los estereotipos. No hay que intentar o esperar a que el hijo encaje en la idea preconcebida que tiene el progenitor de cómo debe ser un hijo.

CAPÍTULO 5
EDUCAR EN EQUIPO

Si creamos un buen ambiente familiar, el niño se siente integrado y valorado en el seno de su familia, de modo que está más tranquilo y tiende a portarse bien. Un ambiente crispado se contagia.

Los niños difieren de los adultos en su sistema de comunicación. El de los adultos es básicamente verbal y el de los niños sensorial (sensitivo), por lo que los conceptos abstractos les son difíciles de entender, además de complicado el hecho de llevarlos a la práctica.

A medida que el cuerpo del niño se desarrolla se crean las bases sensoriales y neuronales que le preparan para las nuevas habilidades emocionales que podrá utilizar para realizar cambios de comportamiento, y con estos los cambios a actitudes más complejas y maduras.

Conceptos básicos para educar como padres

- Establecer una línea de actuación común.
- Apoyarse mutuamente.
- Marcar objetivos comunes.
- Según el carácter, el tiempo o las posibilidades de cada progenitor, delimitar funciones.
- Evitar descalificarnos o desautorizarnos delante de los niños.
- Evitar que los hijos se aprovechen de nuestros desacuerdos.

Es crucial que los padres no discutan las normas delante del niño para evitar desconcertarlo.

Hay que pactar de antemano las normas, los límites, las reglas y los valores que queremos transmitir al niño en función de su etapa de desarrollo y de la edad.

A los dos años no le llamamos la atención porque gatee de vez en cuando por el suelo, en cambio lo haremos si llama tonto al abuelito o a cualquier persona.

Una vez fijadas las normas, los padres debemos respetarlas en todo momento y sin excepción, independientemente del lugar y momento en que nos encontremos, ya que de no ser así lo único que conseguimos es desconcertar al niño y no podrá aprender qué hay que hacer en cada situación.

Las reglas básicas que enseñan a los niños a tener recursos emocionales son:

- Establecer con claridad los objetivos que deseamos que el niño logre (controlar sus rabietas, dejar de ser despistado, que se lave las manos...).
- Definir las conductas que son necesarias de adquirir para conseguir los objetivos (paciencia, observación...).
- Dar ejemplo de la conducta deseada, ya que aprenden por imitación. Con «el ejemplo vale más que mil palabras» se consigue que tengan un mapa cognitivo (imagen mental) de lo que deben hacer o cómo lo deben hacer. Si le decimos al niño: «No pienses en un mono amarillo», has pensado inevitablemente en él; si queremos que no sea despistado podemos darle una agenda con avisador que le recuerde lo que tiene que llevarse a la escuela, y durante unas semanas al levantarse o por la noche preparar juntos los respectivos materiales para llevarnos al día siguiente al trabajo y a la escuela.
- Alentar los nuevos comportamientos con:
  a. Empatía.
  b. Paciencia.
  c. Búsqueda de soluciones.

- Motivar con reafirmaciones e incentivos positivos.
- Observar los resultados. Si no son los esperados hay que buscar nuevas estrategias, pero no culpar al niño, ni culpabilizarse.

Decálogo de metas

1. Disciplina = Autocontrol
2. Perseverancia = Cultura del esfuerzo
3. Paciencia = Saber esperar
4. Motivación = Marcarse metas
5. Asertividad = Búsqueda de soluciones a los conflictos
6. Tolerancia a la frustración = Saber perder
7. Reírse de uno mismo = Sentido del humor
8. Empatía = Ponerse en el lugar del otro
9. Reflexión = Primero pensar, después actuar
10. Colaboración = La familia es un equipo, fomentar el trabajo en equipo

Objetivo: la autoestima

Las pautas para educar a un niño en la autoestima son sencillas y menos numerosas que las que necesitamos para generar los traumas y los conflictos.

En cualquier etapa o momento del desarrollo del niño y del joven (y también del adulto) se pueden corregir o modificar las pautas educativas erróneas y se puede concluir la situación que se haya creado. Nunca es demasiado tarde para aumentar la autoestima de los hijos, hayas infligido dolor o culpabilidad, nadie debe culparse de los errores o males causados a los hijos, pero sí responsabilizarse y centrarse en lo que se puede cambiar o dar emocionalmente para que ellos puedan ser felices, sentirse y encontrar la paz.

Aprendiendo a educar

Los padres y los educadores (técnicos de guardería, maestros y profesores) son los encargados de ayudar al niño a crecer con una correcta autoimagen, ya que sin esta será difícil adquirir una alta autoestima. Así que observaremos con sumo cuidado y detalles las formas, los modos y los tonos con que cuestionamos al niño.

El hecho de que desarrolle una sana autoimagen y no aparezca en su interior la crítica destructiva dependerá de cómo se emitan las críticas hacia el niño.

- No hay que convertir en imperativos morales conceptos que no lo son. Al confundir gustos, aptitudes o conocimientos con cuestiones morales confundimos al niño. Lo dejamos sin pautas para superarse; no le enseñamos a reflexionar ante los errores.
- No es lo mismo vestirse a la moda que ser una buscona, ni ser sensible con ser un chantajista o ser un vago porque se han sacado malas notas en una asignatura pero todo lo demás está aprobado.
- No mezclar conducta e identidad. Hay que dejar claro que los errores se cometen, ocurren porque somos humanos y aprendemos de ellos; no somos erróneos ni defectuosos sin remedio. Si separamos el hacer del ser, el niño desarrollará una sana capacidad de reflexión, verá el error cometido, buscará una solución efectiva para que no vuelva a ocurrir.
- Las alabanzas deben superar con creces a las críticas. Una alabanza acompañada de un «pero» y un reproche no es una alabanza, es una crítica con trampa. Cuando un niño solo recibe crí-

ticas, se sentirá criticable en toda su esencia, en todo lo que hace, y se convertirá en un pesimista con un irremediable destino de fracaso. ¿Y por qué le voy a alabar si solo hace lo que es su obligación? Porque es tan difícil hacer las cosas bien como mal, el mismo mérito tiene hacerlo de una forma como de la otra cuando estamos aprendiendo. ¡Aprendiendo!, esta es la clave. Si no se les apoya, no se les repite y no se les enseña con paciencia, tranquilidad y afecto, se bloquean y no aprenden. Si no se les alaba, nunca descubrirán qué saben hacer, qué cualidades tienen y lo que ya han aprendido.

- La intensidad con que se hacen las cosas. Los niños se fijan en las expresiones emocionales de los adultos hacia ellos. Si las críticas son exageradas emocionalmente, el niño guardará la emoción aunque no entienda la crítica. ¿Quién no recuerda dónde estaba o lo que hacía el 11 de septiembre? No hace falta que diga de qué año, todos habréis pensado en las Torres Gemelas. ¿Y el 11-M?, nadie pide más datos, piensa en Madrid y el atentado.

Todo lo que tiene un fuerte impacto emocional queda grabado con mucha fuerza e intensidad en la memoria de las personas, también en la de los niños. Es importante que le hagamos saber al niño, e incluso es bueno que le mostremos que a veces no podemos reprimir la ira, la rabia, y que esta es natural para aprender a diferenciar el abanico de emociones humanas, incluso es bueno que le expliquemos lo que nos ha molestado tanto de «esa» conducta concreta.

Pero lo que no es bueno es que todo se le diga a gritos, todo nos altere y nos saque de quicio o que solo sepamos hablarle histéricamente, cínica e irónicamente. El niño no es un adulto y no sabe ver lo que hay detrás de las situaciones si no le informamos.

Las seis estrategias educativas de la autoestima

Fomentar la autoestima hablándole constructivamente

Los niños necesitan fijarse en la comunicación no verbal más que en la verbal, ya que desde bebés no entienden al que habla; el instinto les obliga a centrarse en las expresiones de la cara, los microgestos inconscientes, los tonos y volúmenes de voz, o sea, en las respuestas corporales, para entender lo que ocurre en su entorno.

Poco a poco el niño va entendiendo el lenguaje y este va tomando peso frente a la comunicación no verbal, aunque sabemos que el 70% de la comunicación entre los adultos es no verbal. Hasta los 10 años el niño es altamente sensible y consciente de dicha comunicación. Debido a esto ciertas peleas, regañinas o gritos que les han «regalado» sus padres se han quedado grabados en su recuerdo como auténticos traumas porque lo que recuerdan es la carga emocional que acompañaba a las palabras (ira, odio, asco, rechazo en esencia pura), paralizándoles o intimidándoles.

Más importante si cabe es observar con atención la comunicación no verbal del niño cuando intenta contarnos algo. Es la forma en que se capta el estado de ánimo y los sentimientos del niño; su vocabulario es muy pobre, así como su capacidad para nombrar las emociones que está experimentando.

Cuando un niño teme a alguien que le ha amenazado, si lo cuenta, su cuerpo habla de ese miedo, así como sus ojos, sus pies y sus manos. La rabia y la impotencia pueden verse en sus puños cerrados, sus labios apretados y unos ojos vidriosos que contienen las lágrimas. ¿Por qué al verlos así hay adultos que bromean o que se burlan aún más de ellos? Pues porque nos centramos exclusivamente en lo que nos cuenta el niño, nos fijamos en los errores de lo que nos dice, no en lo que intenta decirnos.

Damos por hecho cosas que no sabemos, nos adelantamos a sus explicaciones o interpretamos sus angustias. No es correcto, hay que preguntarle directamente al niño.

Generalizamos pensando que él entiende de lo que le estamos hablando, en lugar de expresiones como: «Es que tú nunca...»; «Es que siempre...»; «Es inútil que te...». Hay que explicarle, describirle la conducta que nos molesta o desagrada o que puede ocasionarle un accidente, explicándole de forma sencilla qué daños le causaría.

Se tiende a etiquetar con gran ligereza no solo al niño sino a todo el mundo, pero en el niño ocurre la confusión de considerar que «lo que hace es lo que es». Etiquetamos al decirle: «Eres una desordenada» o «Eres un pusilánime, no entiendes nada». Hay que describirle la conducta errónea.

Es correcto, sano y bueno hablar mucho con los niños desde bebés, sin sermones largos, palabras complejas o topónimos típicos como «*gugugu*», «*chumi churri*»...

Contadle cómo os sentís, cómo os ha ido el día, cosas que os han salido mal, cosas felices o divertidas que os han ocurrido; explicadles por qué le castigáis (solo poned castigos que vayáis a cumplir y que sean proporcionados a su edad), qué ha hecho mal y cómo nos sentimos por esa situación, sin exageraciones ni gritos.

No ocultéis cosas a los niños especialmente en situaciones dolorosas, porque captará en nuestra comunicación no verbal que ocurre algo, y en su desconocimiento del mundo extraerá conclusiones más duras que la realidad misma.

Muchos niños pequeños a los que se les esconde la muerte de un ser querido padecen terror a las separaciones del progenitor que está vivo porque no ha entendido qué ocurre pero sabe por muy pequeño que sea que el otro no está.

Para que un niño nos cuente cosas, tiene que saber que las cosas se cuentan sin más, sin tener que preguntar. Para ello los padres tienen que hacerlo primero, deben ser un ejemplo.

Abrazar al niño, tocarle, mostrarse cercano

Los bebés y los niños identifican la cercanía física con cariño. Cuando nos cuentan algo, se sienten mal, están inquietos. Debemos agacharnos o sentarlos en alto para quedar a su altura y cogerles las manos cuando cuentan algo que les angustia. Eso les transmite seguridad, interés o respeto.

No es necesario estar todo el tiempo acurrucándolo o abrazándolo, pero sí es importante hacerlo cuando se dirija a nosotros con un problema, un enfado, una inquietud, una alegría o una idea genial, o bien cuando nosotros tengamos que decirle algo que debe entender.

Ser y hacer no es lo mismo

Dejarle claro que él en esencia nos gusta, que le aceptamos tal y como es, y que no quisiéramos tener un hijo diferente incluso cuando le reñimos (porque debemos tener claro que aún no sabe hacer las cosas bien) o cuando nos enfadamos por lo que está haciendo.

No hay que reprimir o reñir a un niño que está convencido de que es guapo, listo o el mejor; el tiempo le dará equilibrio. Pero si está seguro de sí mismo, es que le hemos dicho bien claro y el número de veces correcto que le queremos, lo contentos que estamos de tenerle con nosotros, lo guapo o lo listo que es. Nunca están de más las alabanzas y las muestras de amor. Al reñir, están prohibidos los insultos, las etiquetaciones y las descalificaciones de cualquier tipo.

Nos centraremos en la conducta concreta que ha hecho mal, le explicaremos qué tiene de erróneo y las consecuencias que conlleva.

Jamás hay que decirle cosas como: «Eres un manazas». Hay que decirle, por ejemplo: «Si tiras con fuerza del hilo, siempre se romperá y te quedarás sin juguete. Mira, acompaña mi mano, esta es la fuerza que tienes que hacer».

Sus sentimientos son tan importantes como los tuyos

Todos los sentimientos frente a cualquier situación son válidos y buenos, jamás deben ser coartados.

Al niño hay que transmitirle que, al igual que los padres, tiene derecho a estar triste, alegre, enfadado, rabioso o feliz, aunque al adulto no le parezca que ese sentimiento es el apropiado. Aunque estemos de duelo por la muerte de la abuela, por ejemplo, el niño tiene derecho a sentirse feliz y a expresarlo cantando; su felicidad no expresa que no sienta la pérdida, sino su capacidad para vivir el aquí y ahora.

Los niños tardan en saber identificar y poner nombre a sus sentimientos, debemos esforzarnos por entenderle y poner nombre a lo que siente, ya que así estamos legitimando sus sentimientos. «Lloras porque estas "triste". Es natural, has perdido a tu peluche, lo echas de menos»; «Te sientes "enfadado"»; «Estás "cansado"»; «Estás "de mal humor"»; «Te encuentras "frustrado"»... Hay hombres ya mayores que crecieron en una sociedad que no les permitía expresar emociones. «Los hombres no lloran»; «Hay que ser duro»; «Eres un machote, esto no puede dolerte». Sus esposas se quejan porque ellos nunca quieren contarles lo que sienten, se bloquean. Es lógico, nadie les enseñó a ponerle nombre a lo que experimentaban emocionalmente y se lo bloqueaban; de mayores ya solo saben si sienten displacer (estar mal) o placer (estar bien), pero no tienen muchos más matices que la ira y el enfado o estar bien.

Con el tiempo tendremos que enseñar al pequeño a exteriorizar sus sentimientos de forma un poco autocontrolada y adaptada a las situaciones en que se encuentre para que no sufra burlas ni ridiculizaciones. Tiene derecho a sentir lo que siente pero tendrá que aprender a exteriorizarlo adecuadamente.

Tratarlo con respeto, es un ser humano

Algunas de las cosas que los hijos desean contarnos o que les motivan pueden resultarles a los padres algo aburridas, o sus preocupaciones y problemas ridículos o absurdos al lado de los nuestros. Hay que tomar en serio al niño. Afortunadamente, sus preocupaciones deben estar adaptadas a sus circunstancias, si son de «ciclo vital» el niño está en peligro.

Aunque sea pequeño o tenga poco criterio, el niño es una persona. Por eso mismo hay que atenderle, para que pueda formarse criterios que le enseñen a opinar adecuadamente, sentir y expresarse adaptativamente a sus entornos sociales. Respetar también es no mentirle, no engañarle, no faltar a las promesas que le hagamos. Los niños tienden a creer en la palabra de los adultos, y se les somete a frustraciones y dolor emocional cuando prometemos a la ligera, sin pensar, solo para que ellos obedezcan o para momentáneamente hacerles feliz y que se calmen.

Un principio básico de respeto hacia cualquier persona es confiar en sus habilidades y capacidades. El niño es una persona, así que necesita que confiemos en que él es bueno por naturaleza, ama a los padres por encima de todo (tanto al padre como a la madre) y tiene la capacidad de ser feliz y de salir adelante en la vida si sus progenitores se lo permiten.

Cuando a pesar de nuestro respeto y confianza el niño tiene necesidad de llamar la atención con comportamientos que son inadaptados o conductas que no nos gustan, hay que reflexionar sobre lo que nos está intentando decir su llamada de atención. Preguntarse: ¿por qué está sintiendo que no es importante para nosotros?, ¿estamos demasiado obsesionados en unos aspectos suyos y no en otros?, ¿más centrados en otra persona: un hermano, una pareja, un familiar enfermo, una afición, un trabajo, que en él?, ¿le estamos negando necesidades básicas?

Estas reflexiones son una muestra de respeto hacia el niño, y encontrar el desajuste y remediarlo es generar en él confianza, pues somos capaces de leer en sus llamadas de atención y solucionar el problema.

Los temidos y necesarios límites

Educar en autoestima es saber poner límites. Los niños consentidos son inadaptados, porque no conocen la frustración, ya que se les protege de ella incluso antes de que ocurra.

Los límites son una necesidad natural, incluso biológica. Los necesitan para sentirse seguros, protegidos; necesitan aprender los límites entre él y los otros, entre lo que pueden hacer y lo que no pueden hacer, entre lo que es correcto hacer en casa y lo que es incorrecto fuera de ella, entre sus deseos y los nuestros, sus deseos y los de los otros, entre su intimidad y la de los demás. Si queremos que sepa protegerse a sí mismo y hacerse respetar como alguien independiente y con criterio, tenemos que enseñarle los límites; los límites son la única herramienta que en la adolescencia le servirá para decir «no» a todo lo nocivo y a ser idiosincrásico y no dejarse llevar por el grupo a situaciones de riesgo o de peligro tanto físico como psicológico o hasta legal.

Los métodos para enseñar los límites son fáciles y obvios, pero demasiadas veces, por comodidad, miedo (a que no nos quieran o a que quieran más al otro progenitor o a los abuelos), estrés o cansancio, nos relajamos y no los aplicamos. Estos métodos son la alabanza cuando está haciendo bien las cosas (la alabanza es el único indicador de que algo está bien hecho o nos gusta, ya que para el niño cualquier alternativa frente a algo es buena y posible) y la regañina acompañada de conductas consecuentes.

El sistema de comunicación con los niños se basa más en lo que hacemos que en lo que decimos. «Menos sermones y más actuaciones inmediatas». No debemos utilizar la táctica del sermón sin acción: «Si sigues así, luego te quedarás sin consola/sin tele». Lo que debemos hacer en lugar de decir eso es apagarle la tele o la consola en el momento o quitarle aquello con lo que está jugando en ese instante.

Las consecuencias negativas de cualquier mala conducta han de ser correspondientes al grado de esta para que el niño pueda entender que una es consecuencia de la otra.

En capítulos posteriores sugeriremos soluciones y métodos para marcar límites según edades.

Las cuatro reglas de oro del buen cuidado del niño interior

La cebolla crece desarrollando capas de piel, una tras otra y a cada capa se hace más difícil llegar al corazón, donde está la semilla que la originó. Como la cebolla, las personas también desarrollamos capas. Cada capa es un bloqueo, una actitud y una creencia que vamos acumulando a lo largo de la vida, y al igual que en la cebolla, cada capa dificulta más llegar al corazón de nuestro Ser.

Muchos de nosotros estamos intentando pelar esas capas para poder volver a conectar con nuestros propios corazones y con nuestro «niño interno». No es fácil, nos puede hacer llorar igual que cuando pelamos la cebolla y es algo traumático, pero una vez conscientes del hecho, a la mayoría nos gustaría que nuestros hijos no tuvieran que pelar la cebolla.

Los padres, a medida que nos vamos concienciando y responsabilizando de nosotros mismos, aumentamos nuestra capacidad de ofrecer medidas preventivas, aunque sabemos que una cierta cantidad de «pelar» o de «deshacer» es inevitable (incluso sana) en cualquier joven adulto que busca su independencia. Si tenemos en cuenta nuestras propias experiencias, consideraremos la educación de los hijos como un proceso preventivo a la vez que evolutivo.

Los procesos están destinados a construir y desarrollar el conocimiento y las fuerzas internas de los hijos. Al maravillarnos por nuestro propio descubrimiento del ser interno, podemos guiar e inspirar a los hijos a que descubran y expandan sin miedo su propio mundo interior.

Al conectar con nuestro niño interno, conectamos a más niveles con nuestros hijos y así sentimos con autenticidad su inmenso potencial para un maravilloso crecimiento evolutivo. Para ello solo hemos de aplicar unas sencillas pautas, hayamos recibido la educación filosófica, religiosa o ética que sea.

Confianza en los dones del niño

Es creer en él, es tener confianza en su bondad y pureza interior, saber que no es malo, ni egoísta, ni pensar que quiere manipular, burlarse. Es saber que está siguiendo el proceso de su evolución y sus necesidades de amor, tanteando, probando, experimentando; en definitiva, aprendiendo.

La labor de los padres consiste en indicar, en informar; en guiar por los senderos que por conciencia y entendimiento creen que son los mejores y eso a base de ser espejo, consejero, salvavidas. Pero ante todo creyendo en el niño y en su propio proceso.

Empatía con los sentimientos

Antes de sacar conclusiones precipitadas o basadas en cómo me siento yo como padre por lo que está ocurriendo o por los sentimientos que ha mostrado el niño, habría que dejar a un lado los propios sentimientos y conclusiones e intentar ver cómo lo ve el niño desde su edad, su conocimiento, su momento.

Aceptación incondicional

El hecho de aceptar al otro tal y como es, aunque no cumpla con las expectativas de los padres.

Amor incondicional

Es amar generosa y gratuitamente, simplemente porque se ha nacido. Es querer sin expectativas, sin esperar nada a cambio, sin miedos, a pesar de que el niño haya hecho algo malo o inesperado. Es seguir amando aunque se haya reñido al niño o se esté enfadado con él. Es mirarle sabiendo ver en él su belleza interior, sus dones, su Ser.

Recapitulemos: nuestros mensajes son el espejo donde se mira el niño.

> La autoestima se construye con los mensajes que recibimos del exterior.

- Cuando el niño cree que es el «malo» de la familia, termina pensando que es verdad y realizará ese papel para los padres y profesores.

- Si le hacemos sentir inseguro y torpe, se portará mal para captar la atención de los cuidadores.
- Prohibido etiquetar negativamente al niño en función de su comportamiento. Como ya se ha explicado, no es lo mismo el niño y su personalidad que su conducta.
- Diferenciar cuando le riñamos, evitar comentarios como «No seas malo»; «Eres un marrano, mira cómo comes»; «Hay que ver lo malo que eres»; «Con este genio nadie va a quererte».
- Los niños no son buenos ni malos, a unos les cuesta más y a otros menos aprender los códigos de convivencia.
- Las clasificaciones negativas hacen un daño muy profundo. El niño está construyendo la imagen de sí mismo en función del espejo que le muestran de él los adultos. Si estos le adjudican el papel o el rol de malo, el niño se verá obligado a actuar en consecuencia. Las etiquetas condicionan involuntaria e inconscientemente la conducta del pequeño.
- La regla de oro para construir una alta autoestima es la de evitar los juicios de valor sobre la conducta del niño. No es lo que hace, lo importante es preguntarse por qué lo hace y cuáles son los motivos que le mueven e impulsan a comportarse como lo hace.
- Hay que diferenciar el niño que se porta mal porque no sabe cómo hacerlo bien (no nacemos enseñados, aprendemos por ensayo-error) del que busca llamar la atención.
- Hay que evitar la improvisación, saber lo que hacemos y decimos y por qué lo hacemos y decimos para que el niño se sienta seguro y suba su autoestima. Jamás deberemos avergonzar (humillar) al niño aplicándole un castigo ejemplar.

CAPÍTULO 6

LOS NUEVOS SISTEMAS Y CIRCUNSTANCIAS FAMILIARES

Hasta no hace mucho, la familia tradicional se constituía en torno al matrimonio de un hombre y una mujer que debían permanecer casados hasta la muerte de uno de ellos. Su función fundamental era la de tener hijos, cuidarlos y educarlos. Dentro de la familia, el padre asumía el papel de cabeza del grupo y se le concedía mayor autoridad de forma más o menos explícita. Los hijos, en todo caso, debían obedecer a los padres, al menos hasta la mayoría de edad, aunque las costumbres de la época solían alargar ese tiempo hasta el matrimonio de los hijos, cuando se marchaban de casa.

Evidentemente, este sistema a día de hoy puede parecernos antiguo, restrictivo o limitador de los derechos individuales, pero lo cierto es que era también estable por ley, por costumbres y por moral. Todo ello ofrecía un marco claro para los futuros cónyuges y sus hijos. No se discutía la autoridad jerárquica de los padres, abalados además por los modelos educativos en la escuela. No se contemplaba la separación y, por tanto, había pocos hijos fruto de esas situaciones. La excepción la constituían los niños nacidos fuera del matrimonio o los abandonados, que eran susceptibles de sufrir marginación.

Las nuevas familias

En este siglo XXI la familia patriarcal está siendo desafiada por los rápidos cambios tecnológicos, psicológicos y sociales, así como laborales e ideológicos. La modificación central ha estado ejecutada por las mujeres durante el siglo pasado; ahora es la mujer la que puede decidir (con o sin pareja, cuándo y cómo tener hijos), ya que muchas de ellas han adquirido un papel activo en la vida social y este cambio en sí mismo ya implica nuevas relaciones de pareja, de modelos sociales y de vida familiar.

La familia patriarcal agoniza y aumentan el descenso de la natalidad en los países desarrollados, las familias monoparentales (de un solo progenitor) y los divorcios. Estudios recientemente publicados indican que hay países europeos y americanos en los que aproximadamente el 50% de los niños y niñas han pasado por la experiencia del divorcio de sus padres.

Nuestro país también vive cambios en el modelo familiar, ya que hay 300.000 familias constituidas por un único progenitor, y el cabeza de familia es la mujer en el 86,8% de los casos. En la mayor parte de estas familias, las madres son separadas y algunas viudas. Además, cada vez se celebran menos matrimonios y en cambio el número de divorcios y separaciones aumenta. La familia se ha convertido en una de las instituciones sociales que más ha cambiado tanto desde el punto de vista legislativo como en el social. Para empezar, el núcleo de la familia ya no tiene que ser necesariamente heterosexual. Puede haber también parejas de hecho con hijos, madres o padres solteros con hijos o nuevas familias surgidas de divorcios previos que comparten hijos de otras parejas anteriores (familias reconstruidas).

Esta libertad para vincularse y desvincularse afectivamente puede considerarse un logro para las personas adultas que ejercen sus derechos individualmente.

De igual forma, una separación o un divorcio pueden suponer que se evite que algunos hijos sigan sufriendo las consecuencias de un entorno excesivamente conflictivo. No obstante, no es menos cierto que los hijos pueden sentirse desorientados, ansiosos, ser objeto de manipulaciones y, en definitiva, ser también víctimas cuando se produce la separación parental. La ganancia de los derechos individuales de los adultos no siempre va asociada a beneficios psicológicos para nuestros hijos. Todo ello configura un panorama variable y complejo que puede afectar a los hijos de diferentes formas.

Cambios en las relaciones padres-hijos

Paralelamente a los cambios de vinculación en las relaciones de los adultos, los padres han ido incorporando cierta simetría en la educación de sus hijos y en aplicar la disciplina. Ha ido creciendo cierta idealización de los estilos democráticos. Sin duda, este estilo, basado en saber escuchar y ser equitativo en la toma de decisiones, con frecuencia se ha malinterpretado y ha supuesto en la práctica un fracaso.

Uno de los puntos clave es el creer que hay que ser amigos de los hijos. Esto es totalmente erróneo. Los padres deben saber escuchar, proporcionar afecto incondicional y por supuesto orientar a sus hijos en su toma de decisiones, en especial durante la adolescencia. Sin embargo, no son sus amigos en el sentido literal. Este papel deben desempeñarlo sus iguales o compañeros. Si creemos que, ante todo, somos sus amigos, los estamos privando de algo más valioso: ser sus padres.

Otro error habitual es creer que nunca debemos imponer las cosas, que siempre debemos negociar. Esto puede ser deseable hasta cierto punto, pero teniendo en cuenta que no es incompatible hablar las cosas con la exigencia del cumplimiento de las normas y el respeto a los límites marcados en el propio sistema familiar. Con cierta frecuencia, un exceso de buena voluntad y un exceso de amiguismo por parte de los padres acaba en fracaso, y los hijos acaban rompiendo un sistema que perciben confuso, laxo o en el que intentan hacer prevalecer sus derechos y exigencias por encima de los de sus padres. Todo ello se hace más evidente en las situaciones de separación o divorcio de los progenitores.

El trabajo y el consumo como prioridad

Venimos de una sociedad donde ha primado el deseo de triunfar profesionalmente y asegurar unas ganancias para poder establecer y mantener un adecuado nivel de vida. El problema es que con cierta frecuencia ello se hace a costa de dedicarle excesivo tiempo al trabajo y por ende no poder atender de forma eficaz a los hijos. Podemos delegar en muchas personas competentes cierta parte de la educación de nuestros hijos, pero no hay substitutos de la función de padres para crear una vinculación afectiva adecuada a ellos y evitarnos problemas futuros. En el origen de muchas separaciones nos encontramos con padres que se creen con el derecho y el deber de priorizar el trabajo, la formación, la superación profesional, anteponiéndolo al hecho de tener pareja y, sobre todo, a tener hijos y cuidarlos.

Cuidarlos no significa solo proveerles de las materias primarias vitales (comida, techo, etc.) sino proporcionarles una seguridad emocional y afectiva para que crezcan sanos psicológicamente y se conviertan en personas seguras, con una buena autoestima y capaces de crecer en su entorno educativo y social de forma eficaz. Como padres debemos ser capaces de encontrar dedicación y tiempo de calidad con los hijos desde su infancia. Ello no es incompatible con la dedicación al trabajo y debemos encontrar un equilibrio entre ambas necesidades.

A la vista de la situación hemos de definir nuevamente la familia, en la que su núcleo ya no son los vínculos de sangre, sino quienes ponen énfasis en las metas, los motivos y los sentimientos y quienes deciden enrolarse en las relaciones caracterizadas por la intimidad, la reciprocidad y la dependencia. Ellos son el núcleo de la nueva definición de familia.

Cada criatura nace desnuda y completamente dependiente de funciones maternas y paternas. La familia es una institución tan vitalmente necesaria como el corazón, ya que alrededor de ella, sea el tipo de familia que sea (monoparental, homosexual o heterosexual), se construye el núcleo de la personalidad y la socialización.

La fragilidad que nos caracteriza al nacer vincula biología y cultura, lo que hace que absorbamos como esponjas las identificaciones y relaciones con las personas que hacen las funciones de padres. Nos convertimos por todo ello en materia psíquica, cultural, en historia personal y social.

Los últimos treinta años de estudios clínicos y teóricos, tanto sociales como psicológicos, resaltan la trascendental importancia de las experiencias vividas durante los primeros años de vida y su papel en la formación de la personalidad del niño, del adolescente y del adulto, revirtiendo finalmente en el tipo de padres que seremos, porque trasmitiremos a su vez un sistema de culturización (el que hayamos tenido en el seno de nuestra familia) y con ello formaremos una nueva generación.

Contrariamente a lo que pensamos, según nuestra imagen ideal, una mujer que sufrió en su infancia, al ser madre hará todo lo que sea necesario para que su hijo esté bien atendido; intentará que no le falte de nada, será cariñosa, pero la realidad nos demuestra que las jóvenes madres privadas en su infancia de afecto y cuidados tienden a comportarse como se comportó su madre con ellas. Lo que ocurre es que una generación se trasmite y repite inconscientemente a la siguiente, ya que los estilos de relación son los que suministran los modelos que absorbe el niño. La consecuencia es que se establecen genealogías (sanas, irregulares o patológicas) que se perpetúan como una especie de fatalidad, fragilidad afectiva e incoherencia en los cuidados dados al niño.

Amalia, desde los 6 hasta los 16 años, estuvo internada en una escuela muy rígida, autoritaria y fría, además de estar situada a muchos kilómetros de su casa, por lo que solo veía a sus padres en las vacaciones de invierno y de verano.

Al tener su primer hijo, Eduardo, Amalia decide que ella lo cuidará lo mejor posible. Se lo quiere dar todo, ya que ella se sintió tan privada.

Cuando Eduardo cumple los 4 años lo envía a otro país para que aprenda inglés, un idioma imprescindible para ser una persona con futuro, según piensa ella. Su teoría es que los idiomas se deben aprender desde el nacimiento o no se aprenderán bien jamás, por lo que teme enviar al niño demasiado tarde a Inglaterra.

Ella y su esposo, que desean lo mejor para Eduardo, están muy contentos porque la escuela tiene pistas de equitación, enseñan esgrima, a tocar el piano, tiene todo el confort y las comodidades materiales y no es rígidamente religiosa.

En resumen, Amalia cambia el decorado y las condiciones pero se repite la separación del niño de sus padres.

La pareja y sus problemas, núcleo central de la familia

No es un capricho hablar de la pareja y de sus dificultades en este libro en el que los protagonistas son los hijos, ya que más allá del malestar psíquico de los dos protagonistas, si hay hijos, estos giran alrededor del núcleo central de la familia, que no son ni más ni menos que la pareja. También es cierto que solo citaremos los puntos relevantes de las relaciones de pareja en concordancia a nuestro tema de interés, los hijos como espejo de lo que «no funciona» en nuestra relación.

La pareja son dos subjetividades con sus deseos, éxitos y fracasos, con sus conflictos y con su complementariedad y oposición. Es una dialéctica existencial entre dos personas cuyo destino no es estático sino que implica constantes reestructuraciones, construcciones y búsquedas: compromiso y presencia mutua.

Al formar una pareja hay un deseo de convivencia, de compartir la vida de forma plena y amorosa, pero demasiadas veces esta idea inicial termina en el mismo edificio de los juzgados donde comenzó.

La elección de pareja

Cupido tiene poco que ver con la elección de pareja, y desde Freud a Laplanche, los expertos nos han ido ofreciendo distintas teorías sobre el cómo y el porqué de nuestros gustos y deseos, aunque en muchos casos erróneos y dolorosos, así como de la dificultad para encontrar personas más adecuadas a nuestro estilo y necesidades. Las teorías del complejo de Edipo, la de identificación o la más actual de la relación de objeto nos permiten entender que la elección de pareja no es al azar, un amor a primera vista o un flechazo, como muchas veces nos parece, sino que depende de las fantasías previas (conscientes e inconscientes) y de la historia infantil de cada persona.

Problemas básicos en la pareja

- **Parejas que viven su unión como una relación madre-hijo.** Se realizan elecciones de pareja en relación a las imágenes parentales, ya sea por similitud o por oposición, por relación niño-madre así como las que dependen de la organización defensiva de la persona.

El pintor Luis Gordillo, en una entrevista en *El País* del 10 de febrero de 2002, decía con total sinceridad: «Tardé mucho en

tener hijos... Tener hijos nunca estuvo en mi programa. Quizá yo era demasiado niño... y cuando tenía una mujer quería que la mujer fuera mi madre, y que se dedicara a mí... Los hombres siempre buscamos una madre en las mujeres. Tal vez últimamente lo busco menos y por eso también he notado que me voy haciendo adulto».
Es claro y franco cuando nos explica que necesita crecer, convertirse en adulto para poder dejar de buscar una repetición de mamá y ser capaz de compartir la vida en pareja de forma realista y madura.

- **Asociación patológica, consciente o inconsciente, como búsqueda de equilibrio personal.** En otras parejas inicialmente de forma inconsciente uno se asocia al otro patológicamente buscando equilibrio, alguien que les complemente, su media naranja. Un ejemplo clásico de esta búsqueda de equilibrio suele verse en las parejas en las que uno de los miembros es alcohólico o poliadicto (consumidor de varias drogas al mismo tiempo).

Debido a que el comportamiento de los poliadictos o de los sujetos alcohólicos conduce a la irresponsabilidad, el otro miembro, por compensación, es responsable en exceso; si fuese de otra forma la pareja se separaría. A menudo la necesidad mutua les une. El responsable se convierte en vigilante, fija los límites, y el otro, al verse cuidado, consciente de los límites, ayuda a estabilizar la relación.

- **Elección de pareja en un intento de curar una patología propia.** Pongamos ahora un ejemplo de esto:

Miguel Ángel era un hombre de 30 años muy inseguro. Buscó durante mucho tiempo una mujer que pudiera dar soporte a su frágil ego, pero la mayoría de mujeres se cansaban de dar apoyo y ánimos a un hombre tan patéticamente inseguro. Pero encontró a Victoria en su lugar de trabajo, y esta daba, daba y daba inagotablemente hasta el punto que Miguel Ángel consiguió generar una alta autoestima.

Desgraciadamente él había asociado ya a Victoria con sus sentimientos de inseguridad y fracaso y no deseaba que ella se ocupase de sus sentimien-

tos de inseguridad, ya que incluso ahora ya no era consciente de que hubieran existido. Llegados a este punto, él buscó otro amor.

- **Idealización de la pareja.** Cuando al otro miembro de la pareja se le exigen metas inalcanzables, la propia idealización del amor convierte a veces la relación en un auténtico campo de batalla donde se espera que la próxima relación sea más plena y mejor que la anterior.

Al desvanecerse la idealización por la presión de la realidad (a él o a ella le huelen los pies tras un día de mucho ejercicio, tienen flaquezas o miedos que no conocía), aparece la decepción radical y con ello la transformación del objeto idealizado en un objeto persecutorio y odiado. Este es uno de los motivos de los divorcios y separaciones sangrantes.

Idealizar no es amar. Amar de verdad es dejar atrás nuestra infancia, adaptarse a la inevitable ambivalencia afectiva (propia y del otro), crecer, madurar y perdonar. Si conseguimos desarrollar esta etapa evolutiva podremos transformar el enamoramiento (el deseo) en una relación amorosa estable con capacidad para la ternura y la empatía con el objeto de amor (el otro).

- **Falta de distancia óptima entre la pareja.** Otro de los problemas muy importantes que se plantean en la pareja es el de saber alcanzar una distancia óptima, que pueda permitir la entrada en juego de las dos subjetividades en el día a día.

La vida en común lleva implícito el riesgo de una excesiva proximidad que puede privar a los dos miembros de la pareja de la distancia necesaria para poder proteger su independencia y autonomía.

- **Dificultades en la comunicación.** Cuando nos falla la capacidad de darnos a conocer al otro, de mostrarnos el uno al otro, no podemos ser capaces de entender sus sentimientos sin hacer de ello nuestro propio espejo. Son las dificultades en la comunicación (poca capacidad comunicativa).

Al no reflejarnos nada en la pareja, solo vemos en ella nuestras propias carencias, miedos, incapacidades; del otro solo nos llega vacío, lo mismo que mirarnos en un espejo.

Muchas veces, detrás de los insultos se esconde un sufrimiento o un sentimiento de impotencia que no estaba destinado a herir al otro sino a llamarle y reclamar su atención, a que cubra una necesidad que no sabemos o no nos atrevemos a pedirle.

Cuando van fallando la sinceridad y el respeto mutuo, pueden comenzar los engaños, la infidelidad y la ruptura.

Sara se quejaba de la poca comunicación con su esposo, no se interesaba por ella ni por su trabajo. Ella le había dicho que ya tocaba dar un paso más en la relación y tener hijos. Él le pidió más tiempo para lanzar su carrera musical y sacar un primer disco.

Ella comenzó a salir de nuevo los fines de semana con las amigas mientras él ensayaba y componía con el grupo; durante la semana él trabajaba mucho y cada vez llegaba más tarde a casa. Todo siguió hasta que ella conoció a otro chico y decidió dejarlo. Se lo comunicó al esposo, pidió el divorcio y al año siguiente se casó con la nueva pareja. Hoy tienen un hijo.

Su ex dejó la música, encontró una nueva pareja y se dedicó a la escalada en países exóticos. Esta nueva relación tampoco ha funcionado para él y el proceso de separación de su primera pareja fue muy doloroso para los dos.

- **Excesivo individualismo.** Esta es una fuente de desavenencias cuando la realización propia está por encima del interés del otro componente de la pareja y la crianza de los propios hijos. Se da en personas que invierten toda su energía en su trabajo, su «obra» es su objetivo exclusivo en la vida, por lo que los otros quedan diluidos y si reclaman su atención son considerados unos ingratos.

- **Edad.** Las parejas demasiado jóvenes no suelen tener suficientes vivencias como para poder saber qué desean del otro, ni se conocen ellos mismos lo suficiente para saber qué pueden aportar.

A veces se casan en un arrebato y ante las primeras dificultades se divorcian. Otras veces las familias les empujan porque son adolescentes que esperan hijos.

La vida en pareja implica negociación y a veces saber ceder. Es imprescindible que los dos compartan proyectos de vida sólidos, así como valores comunes, y entre estos valores uno ha de ser la implicación, el hecho de considerar la permanencia de la pareja como valor.

Actualmente, tanto los hombres como las mujeres dan una gran importancia a la pareja, más que al hecho en sí de formar una familia y ser padres. La pareja actual privilegia amarse tanto afectivamente como sexualmente, busca su felicidad como pareja, por lo que a lo largo del tiempo es natural que configuren más de una pareja, de forma que se crea una disociación entre dos realidades: la pareja (estabilidad emocional) y la familia (crianza de los hijos), que antes salvo excepciones estaban unidas indisolublemente.

> Antes de la guerra la palabra "pareja" se utilizaba para las tórtolas, los canarios y los que bailaban tangos. Para los hombres y mujeres que querían una vida en común se hablaba de "matrimonio".
> SULLERONT

CAPÍTULO 7
LA FAMILIA

Las áreas principales en las relaciones de pareja son:

- Sus aspiraciones mutuas conscientes sobre lo que ha de proporcionar una relación matrimonial.
- La medida en que estas aspiraciones mutuas les permiten armonizar sus propias expectativas culturales e integrarlas en el ambiente cultural.
- La actividad inconsciente de relaciones internas patógenas del pasado en cada compañero.

Henry Dicks, fundador de la «unidad matrimonial» de la clínica Tavistock y que estudió durante muchos años los conflictos de pareja, partió de la hipótesis de que muchas de las tensiones que se originan entre la pareja tienen su causa en la decepción que uno o los dos miembros sienten cuando el otro no consigue representar el papel de cónyuge y no se ajusta al modelo preconcebido del mundo ideal (fantasía) de los respectivos cónyuges.

Descubrió que las parejas establecen un fuerte compromiso con sus creencias inconscientes internas, adquiridas por la observación de los modelos paternos vividos, y que a menudo estaban en conflicto con sus deseos y expectativas conscientes.

Las relaciones de pareja son estables y duraderas si hay una retroalimentación positiva. Eso no implica ausencia de conflictos, ya que las personas somos ambivalentes, nos movemos en sentimientos opuestos especialmente de amor y de odio.

Funciones de la familia

Algo tan complejo como es la personalidad de un sujeto se realiza en nuestra infancia mediante procesos de identificación. La identificación es la forma más primaria y primitiva del vínculo afectivo con otra persona.

En este proceso, primero con la madre y luego a través de esta con el padre, la criatura asimila aspectos y atributos del otro y se transforma parcial o totalmente a través de este modelo. «Un día seré como mi madre/padre». O «un día no seré como él/ella».

Sea por imitación u oposición, el otro sirve como modelo, como espejo donde mirarse y aprender. Naturalmente, las identificaciones más básicas y primigenias son las primeras, las que ocurren con la madre y el padre, los primeros modelos sociales del niño. Dependiendo de la manera en cómo hayamos asimilado aspectos de los padres, abuelos y hermanos o primeras relaciones más cercanas y en la forma en cómo nos hemos relacionado interna y externamente con ellos, serán de una u otra forma los pilares de nuestro psiquismo, la base de nuestra personalidad.

Es en el seno de la familia donde se inician y desarrollan los procesos de identificación, de educación y de aprendizaje destinados a un objetivo esencial; el cuidado y la defensa de la vida, el cuidado de la salud física y mental de sus miembros, el desarrollo de sus valores éticos y morales. Todo ello promoviendo su educación, favoreciendo su ingreso en la sociedad y su seguridad material.

Visto desde este punto podemos decir: «La familia es una estructura social básica que se configura por un grupo de personas con papeles diferenciados que conviven bajo el mismo techo durante un tiempo prolongado y que, estén unidas o no por lazos consanguíneos, se ayudan recíprocamente en el cuidado de sus vidas».

Esta manera de convivir es esencial en las relaciones tanto afectivas como culturales, ya que va formando el sentimiento de pertenecer y el de cultura, porque es la forma en que las personas, familias, pueblos y sociedades conforman la realidad.

Normalmente las personas que hacen funciones de padres transmiten de distintas maneras a sus hijos su forma de ser (sus mecanismos de defensa) para enfrentarse a las inevitables ansiedades, frustraciones y conflictos que aparecen en la vida de cualquier persona.

Un niño come poco. Su madre lo presiona para que coma más. Se crea tensión entre ambos a la hora de comer. Al niño le cuesta aún más comer. Ella aumenta la presión debido a que la dificultad ahora es mayor. El niño se cierra y aún come menos; la madre sigue sin entender, solo siente miedo y aumenta aún más la presión, y así indefinidamente.

La cultura de cada familia está influida por una manera especial de utilizar los mecanismos de defensa, y estos forman su identidad y las diferencias de las otras.

Los padres tienen la tarea de construir y cuidar la atmósfera emocional que posibilite potenciar la individuación del hijo o la hija; además tienen la función de filtrar la patología familiar y disolverla tanto como sea posible porque si no se irá transmitiendo de generación en generación.

Un filtro eficaz posibilita a cada generación tener formas más adaptativas para encarar la vida con mejores posibilidades tanto de salud como emocionales, mientras que los filtros defectuosos contaminan aún más la situación.

El proyecto común de la pareja es tratar que su futuro hijo viva una infancia mejor que la que ellos vivieron, y eso significa hacerse responsables de la importancia de ser padres.

Familias sanas versus familias disfuncionales

Hay un mismo funcionamiento mental y emocional en todos los seres humanos y, dependiendo del aprendizaje familiar recibido en la infancia, producirá personas con una alta o una baja autoestima.

Este punto es importante para entender de una vez por todas que somos el resultado del ambiente en que hemos crecido y la educación que nos han ofrecido, ya que últimamente tendemos a culpabilizarnos los unos a los otros en lugar de hacer propuestas alternativas que ayuden a crear una realidad distinta.

Los colegios, frente al aumento de los niños «conflictivos», responsabilizan a los padres, y los padres desconfían del colegio; el pediatra o el psiquiatra culpan a la biología y posiblemente diagnosticarán un trastorno negativista-desafiante o un trastorno de déficit de atención con hiperactividad.

Nadie, ni en el colegio (no olvidemos que los profesores y profesoras también son padres y madres) ni en la familia y mucho menos la sociedad actual, basada en el hedonismo y la gratificación inmediata sumergida en el consumo de objetos y personas, se había preocupado de educar a los hijos con valores, y por ello ni los conocen ni los respetan. Además, todos los padres están demasiado ocupados, y por ello olvidaron o no pudieron enseñarle al niño lecciones de convivencia. Ahora que nos lamentamos de tener niños y jóvenes emperadores o *Peters Pans* que se niegan a crecer y volar del hogar, estamos despertando asustados de nuestra ignorancia como educadores.

Premisas a recordar

- No hay niños que nazcan más buenos o más malos que otros. No hay niños más caprichosos o que tengan más necesidad que otros. Biológicamente, todos tenemos las mismas necesidades y estamos programados para que sean cubiertas. Esta es la finalidad de la vida.

- Bueno, malo, ser tonto, ser raro, ser egoísta son conceptos arbitrarios que para algunas personas son vitales pero para otras pasan desapercibidos. Son conceptos morales, no éticos, que se añaden al bagaje del desarrollo del niño, que al expresarse por el padre o la madre con gran contundencia son confundidos con una supuesta característica de la persona, no con una conducta o un comportamiento más o menos deseable, más o menos correcto.

- Todo está dentro de nosotros esperando ser estimulado o dejado en reposo; todo es una posibilidad, una capacidad, debido a que todos los cerebros son iguales, con las mismas neuronas y sistema nervioso: simpático y parasimpático. Nacemos con las mismas necesidades, idénticas emociones y sensaciones. No existen sentimientos buenos, malos o raros; estos simplemente «son». Y lo son en el modo en que se hayan recibido los estímulos a lo largo del crecimiento y desarrollo, lo que se haya oído, visto y transmitido implícita y explícitamente.

FAMILIAS ENFERMAS	FAMILIAS SANAS
Funciones negativas	**Funciones positivas**
Suscitar odio	Generar amor
Sembrar desesperación	Fomentar esperanza
Emanar angustia persecutoria	Contener el sufrimiento
Crear mentiras y confusión	Pensar

Meltzer y Harris (1989)

En los cursos y seminarios que realizo, tanto para profesores como para padres y abuelos, muchos de ellos se reconocen como niños que fueron educados dentro de las cuatro funciones negativas más que en las positivas, y ven cómo a su vez ellos, que desean educar de otra forma más positiva y amorosa, siguen haciéndolo desde las funciones negativas.

Padres que siempre encuentran insuficiente lo que hacen sus hijos porque tienen la teoría de que «lo pueden hacer mejor» o que «hay que conseguir que mejoren, pues tienen capacidades». Al no reconocerles a los hijos las cosas bien hechas o buenas que hacen para que no bajen la guardia, estos sienten que fracasan en el intento de complacer a sus padres y lograr ser aceptados. Dentro de este clima que aparentemente es normal y sano, la familia está criando a hijos sin esperanzas, con rasgos melancólicos, que no se sienten amados, llenos de sentimientos de culpa y resentimiento.

Las cuatro funciones negativas

Suscitar odio

Atacando los vínculos amorosos que hay en el grupo y manipulando los sentimientos que despiertan las frustraciones se suscita odio. Por ejemplo, en una familia aparecen problemas económicos y el padre manipulador se convierte en el líder del grupo familiar, suscitando odio hacia el abuelo materno (al que los niños adoran) porque no les da más dinero, ese dinero que él se gasta o no sabe cómo ganar, pero que el padre hace sentir que es necesario en el hogar, aunque en realidad el abuelo no tenga nada que ver con sus excesos o con su incapacidad, y al mismo tiempo sea responsable de su propia familia (esposa y tal vez otro hijo o hija menor con otros nietos).

Sembrar desesperación

Generando pesimismo, desconfianza e impotencia se envenena la atmósfera del grupo familiar y se crea odio. Esta tendencia favorece los mecanismos rígidos y obsesivos así como incita a rendirse muy deprisa delante de las inevitables dificultades que surgen durante el aprendizaje y posteriormente en el trabajo y la vida. Al principio citábamos a esos padres que siempre esperan más de sus hijos, pero también a los que les recuerdan constantemente en tono enfadado cuando no se comportan como se espera de ellos: «¡Así te irá en la vida!»; «¡Toda tu vida serás un desgraciado!»; «¡Nadie va a quererte con ese carácter tan fuerte!»; «¡Ya sé que nadie te quiere, pero me tienes a mí, eres mi hija y yo te querré siempre!».

Emanar angustia persecutoria

Cualquier miembro de la familia que experimente sentimientos de terror se puede convertir en un foco de angustia, tanto si es expandiéndola por la atmósfera familiar como aterrorizando a los componentes más jóvenes y frágiles y de esta forma proyectándola. Es indiferente si los peligros son médicos, financieros, sociales o políticos; el ambiente de persecución y desesperanza paraliza las funciones de aprendizaje.

Los hijos suelen ver al padre a través de la madre en la infancia. Ella lo hace visible a los ojos de los hijos, recibiéndolo con alegría: «Mira, olé, olé, ya llega papá», o «Ves a recibir a tu padre, estará feliz por tus besos y abrazos», o bien vaticinando miedo por la llegada de papá, proyectando en él un personaje de terror: «Recogedlo todo que ya llega papá, ¿oís su coche?», o bien «Ahora papá os leerá la cartilla, os habéis portado muy mal», o «Papá es un ogro».

También puede ser invisible cuando el padre llega al hogar y mamá no le recibe; él debe buscarla y besarla, pero ella muestra indiferencia y desprecio: «¡Quita, quita!, ¿no ves que estoy dando de cenar a la niña?». O simplemente su silencio como saludo es suficiente para mostrarnos que no es nadie, solo un estorbo entre mamá y el hijo.

Creación de mentiras y confusión

La familia está amenazada con la presencia en su seno de un embustero. La detección de mentiras cuesta mucho y no sorprende que mentir puede costar dramas en la familia, y la duda sobre cuál es la verdad se transforma en cinismo con demasiada facilidad, hecho que corrompe las cualidades éticas de la vida familiar.

Es una tendencia psicopática y pervierte el aprendizaje, haciendo creer que lo malo es bueno y correcto. Por ejemplo, hacer creer que «la persona que hace trampas en los exámenes, en el juego o en el trabajo es la persona más lista».

Las cuatro funciones positivas

Generar amor

Un ambiente familiar amoroso, donde haya confianza, ilusión por la vida y comprensión hacia los otros (empatía) aporta seguridad y estimula la interdependencia del grupo.

Lo mismo ocurre cuando los padres enseñan con paciencia a su hijo a comer con la cuchara, alabando cada pequeño éxito y avance, y corrigen con sonrisas y exclamaciones de aliento cada error o no acierto de la cuchara en la boca. Es importante dar las gracias por las pequeñas cosas: «Gracias por el vaso»; «Gracias por darme una servilleta»... Enseñarles a hacerlo con los vecinos, en el autobús, etc.

Fomentar esperanza

Que la esperanza y el optimismo sean características de la atmósfera familiar dependerá de que sus miembros adultos sean capaces de conservar el sentido de las proporciones y no desesperar frente a las dificultades. El clima de esperanza promueve el deseo y la voluntad de arriesgar posiciones de seguridad, despliega vitalidad y estimula el deseo de aprender.

Frente a los sueños de los hijos como querer bailar o participar en una competición de *mountain bike*, la actitud es la de planificar con él su esfuerzo, crear metas realizables y darle aliento sea cual sea el resultado. Después, se puede analizar juntos lo que se debe mejorar en la siguiente oportunidad.

Contener el sufrimiento

Saber gestionar el sufrimiento y aprender a utilizar la inevitable ansiedad es fundamental para el buen desarrollo emocional. Una de las formas en que se entienden las psicopatologías es consecuencia de una intolerancia ante el dolor mental que origina el contacto con la realidad. Enseñar a observar desde fuera será la mejor manera de ayudar al niño a tomar contacto con la realidad.

Ante una situación en la que el niño ha cometido un error hay dos opciones:

1. Se ha resuelto satisfactoriamente. «Te has equivocado; bien. Lo importante es que te has atrevido a hablarlo y ¿ves?, así se ha aclarado todo». Lo reafirmamos con un beso, un abrazo, una demostración de que estamos con nuestro hijo.

2. No se ha resuelto satisfactoriamente. «Vaya qué pena, no has podido solucionarlo, pero recuerda que dos no se enfadan si uno no quiere, así que la otra persona no deseaba solucionarlo. Tienes

más amigos, más gente que te quiere. ¡Llama a Juan o a Marga!, seguro que tienen ganas de oírte». Y de nuevo nos reafirmamos con una caricia, un abrazo, un gesto de cariño y aceptación.

Pensar

Iniciamos la vida con pocas capacidades para gestionar las emociones, los miedos nocturnos y diurnos así como el intenso miedo a la separación (núcleo de todos nuestros miedos y fobias de adultos).

Los padres tienen la difícil misión, cuando en algunos casos no lo han conseguido ellos, de enseñar al niño a gestionar las emociones, modularlas cuando tenga la edad de poderlas pensar antes de actuar.

Ante los miedos irracionales a la oscuridad, lo mejor es ir a encenderle la luz y mostrarle que sus fantasmas son sombras de objetos que están en la habitación; calmarle, explicarle que a todos nos ha ocurrido de pequeños, dejarle una luz de posición y la puerta un poco abierta. Cuando crezca un poco más, leerle un cuento cuyo protagonista central se enfrente a las sombras, fantasmas y miedos; entonces la luz se colocará ya en el pasillo. De más mayor dejaremos que se duerma con la puerta un poco abierta para que entre luz de la propia vivienda y apagaremos todo cuando nos acostemos los mayores; le pediremos que nos razone coherentemente lo que ve y que él aprenda a tranquilizarse por sí mismo.

Familias monoparentales

Tradicionalmente, se piensa que con el amor hay suficiente, que las familias seguirán unidas mientras haya amor, pero en el mundo actual de la globalización cada vez más padres y en aumento las madres están dispuestas a dejarlos y buscar trabajo con el sueño de un futuro mejor en otro país. A pesar de que la separación es muy dolorosa, es percibida y vivida de forma muy diferente a la separación que pueden realizar otros padres por desinterés y falta de contacto afectivo hacia su prole.

Los niños captan sutilmente el sentido de la separación, así que lo que calma o perturba al hijo es la forma en que las figuras importantes de su vínculo afectivo expresan el porqué de esta separación.

Padres ausentes

Una situación actual que puede darse por diversas causas (divorcio, separación, muerte, motivos laborales, abandono del hogar, decisión de ser madre en solitario) es la ausencia de los padres. Una de las figuras paternas, en general el padre, está mucho tiempo fuera o permanentemente fuera del hogar familiar.

La familia con un único progenitor es la que más está aumentando en el mundo y afecta a un número enorme de niños. Incluso el cine contemporáneo se está haciendo eco de este hecho y podríamos citar una larga lista de películas con padres ausentes, como por ejemplo *Todo sobre mi madre* de Pedro Almodóvar.

Evidentemente hay progenitores solos que atienden eficazmente a sus hijos y que desarrollan grandes capacidades de compensación, esperanza y autoestima; pero hay otros que se enfrentan con problemas financieros, prácticos y/o emocionales que inevitablemente estresan el ambiente familiar y repercuten en los hijos.

Entre un 80% (en Francia y Canadá) y un 90% (en el Reino Unido y Estados Unidos) estas familias están dirigidas por mujeres y sus ingresos suelen ser de menos de la mitad que los ingresos con dos progenitores.

Gran parte de las mujeres que mantienen familias trabajan fuera de casa, lo que disminuye el tiempo que pueden dedicar a sus hijos y normalmente por la discriminación aún existente de género son mal pagadas. Todo eso conlleva sentimientos de fracaso, soledad, sentirse sobrepasadas por la situación y aún hoy en día son objeto de estereotipos negativos y estigmatización social.

Si la familia de origen, los padres de la mujer, están dispuestos a ayudar desde el positivismo y la autoestima, sin chantajes ni reproches, la situación mejora para la familia monoparental.

Los divorcios y las separaciones

Existen muchas variables que pueden determinar la forma en que cada niño expresa su malestar ante la ruptura de sus padres. Algunos padres pueden pensar que es lo mejor para sus hijos, dado que el ambiente en casa era muy malo. Otros afirmarán imprudentemente que a sus hijos no parece haberles afectado, porque no suelen hablar del tema. La realidad es que siempre hay consecuencias, sea en el presente o en el futuro. Uno de los factores más determinantes es la edad en la que se produce la separación. Algunos estudios (Cantón y otros, 2007) parecen demostrar que el divorcio o la separación de los padres tiene efectos negativos importantes en los hijos que la sufren.

Reacciones según la edad

Su aparición, gravedad o frecuencia dependerá de la edad del niño, su temperamento y otras circunstancias de su entorno.

Infancia (de 2 a 6 años)

En los más pequeños son habituales conductas regresivas (Lebovici, 1993) como volverse a hacer pis en la cama, chuparse el dedo, querer dormir con los padres, conductas infantiles en general, miedos, ansiedad, etc. También rabietas, necesidad de llamar la atención constantemente, ansiedad por separación (al dejarlo en la escuela u otros), vinculación excesiva normalmente con la madre, que se ve desbordada y no entiende lo que pasa. En ocasiones, el niño pasa de la agresividad o el menosprecio a la búsqueda de un afecto incondicional: abrazos, besos, promesas de que se portará bien... Pueden aparecer alteraciones en el patrón de las comidas y el sueño. Quejas somáticas: dolores de cabeza y estómago no justificados; negarse a ir a casa de uno de los progenitores, normalmente el padre. Asimismo, apatía, introversión, mutismo ante nuevas personas y en general dificultades para relacionarse o jugar.

Niños (de 7 a 12 años)

A estas edades los niños disponen de mayores recursos verbales, lo que les ayuda a exteriorizar sus sentimientos. Pueden seguir presentes los diferentes síntomas antes expuestos en uno u otro grado. No obstante, hay que añadir, según las características del niño, los siguientes:

- Comportamientos y conductas de recriminación a los padres (la fantasía de responsabilidad relacionada con la reconciliación) con la esperanza de intentar unirlos de nuevo porque el niño sigue sin aceptar la realidad.
- Conductas manipulativas, de menosprecio o rencor a alguna de las figuras paternas paralelamente a la idealización de la

otra (asimetría emocional). Esto puede agravarse según las actitudes que tomen los adultos que rodean al niño.

- Sentimientos de culpa, conductas de riesgo, baja autoestima, dificultades en las relaciones con sus iguales, baja tolerancia a la frustración, agresividad.
- Posible aumento de la hiperactividad y la impulsividad.
- Deterioro en el rendimiento escolar. Niños que habitualmente eran buenos estudiantes empiezan a tener dificultades.
- El sentimiento de pérdida con relación al padre que se marcha es enorme y es desastroso cuando la madre utiliza al niño para lamentarse.
- Si al niño se le somete a conflictos de lealtad cuando la custodia la tiene la madre, se observan conductas inestables y de ira. Cuando la custodia es del padre se observa abominación y negación de la madre.

Adolescencia

Es una época complicada para los jóvenes y en la que se suelen amplificar los diferentes problemas que se arrastran. Durante esta etapa, los jóvenes que afrontan la separación de los padres pueden incrementar sus conductas de riesgo (alcohol, drogas...).

En niñas parece que puede producirse, en algunos casos, precocidad o promiscuidad en las relaciones sexuales y también conductas de riesgo. Tienen la necesidad de vincularse afectivamente a una pareja pero con poca capacidad para mantener una relación estable y equilibrada. En general, hay dificultades en las relaciones con los iguales, predominio de la impulsividad y poca capacidad para la resolución de conflictos de forma dialogante. También baja autoestima, agresividad y baja tolerancia a la frustración. En los casos más severos puede derivar a un trastorno disocial.

Hay adolescentes que se alinean con las madres cuando estas buscan su ayuda agobiantemente enfrentándose al padre. Otros, en cambio, se alejan de los dos, como si la separación no les concerniera, y se defienden acorazándose en su propia vida, evitando que el conflicto entre los padres les interfiera.

Afrontar el problema de la separación

Toda separación supone un proceso de duelo, de readaptación a nuevas circunstancias vitales. No obstante, los más pequeños son las víctimas más propicias. A la poca comprensión de lo que sucede se le unen, en muchas ocasiones, las constantes batallas legales por la custodia de los hijos, con cambios constantes de domicilio (según régimen de visitas) en los que el niño se convierte en una especie de paquete que viaja de un lado a otro. Es el perfecto escenario para menoscabar su seguridad emocional y que empiecen a aflorar todos los síntomas de una vinculación insegura.

Es básico que, independientemente de las diferencias que como adultos tengan, los padres sepan ofrecer al niño un marco único, un mensaje claro de que sigue siendo lo más importante para ellos; que pese a no vivir juntos estarán unidos en sus necesidades y proyectos y que incondicionalmente estarán a su disposición.

En niños de 2 a 5 años es fundamental, tras la separación, introducir los menos cambios posibles (visitas, escuela, casa, etc.) al menos al principio. Los pequeños necesitan reforzar su vinculación con la principal figura de referencia (normalmente la madre) tras la separación y la partida de uno de los progenitores. Ello es debido a la necesidad de compensar una situación que no comprenden pero que viven con angustia, en especial si han presenciado discusiones acaloradas, insultos o malos tratos.

Puntos básicos a tener en cuenta

- Los niños deben percibir complicidad y compromiso incondicional de sus progenitores hacia ellos aunque ya no vivan juntos. Es fundamental que los padres sepan desvincular sus problemas como adultos (procesos judiciales, régimen de custodia, etc.) de las necesidades de sus hijos ante una separación. Es decir, independientemente de nuestras diferencias personales, hemos de ser capaces de consensuar un proyecto educativo común.
- Una de las peores situaciones que se puede producir es que uno de los padres intente manipular al hijo en contra del otro (hablarle mal, culpabilizar a la otra parte, crear incertidumbres, etc.). También que alguno de ellos (quizá con mayor poder adquisitivo) le colme de regalos o juguetes para ganar su afecto. El afecto de los hijos solo se gana dedicándoles tiempo, comprensión y afecto incondicional.
- Evidentemente deberemos evitar cualquier discusión delante de los hijos, porque les crea más angustia. No obstante, desde el mismo momento de la separación deberemos hablar con nuestros hijos y enfatizar especialmente aquello que nos une más que lo que nos separa. Explicar (adecuándolo a su edad) la decisión tomada y que, en todo caso, ellos van a seguir disponiendo incondicionalmente de sus padres; que es mucho lo que les une y les seguirá uniendo. Hay que evitar excesivos detalles de las causas de la ruptura y procurar que los hijos no se sientan en una u otra medida culpables de la situación.
- No caer en el error de utilizar al niño como mensajero o espía de lo que sucede en casa del otro progenitor.
- Ambas figuras paternas son importantes para el niño. La madre es la principal figura de vinculación, especialmente hasta los 5 o 6 años. Por tanto, es muy arriesgada una separación maternal traumática (aunque sea temporal) y solo debería contemplarse

en casos extremos de evidente incompetencia o enfermedad física o mental de la madre que la imposibiliten en su cuidado.

- Recordemos que la separación, en los hijos, especialmente en los más pequeños, produce una pérdida de los referentes principales que los mantienen seguros delante del mundo exterior. Su forma de reaccionar, según su edad, puede pasar de un incremento de miedos, inseguridad y baja autoestima a manifestaciones de tipo conductual (rabietas, desobediencia, etc.). La forma, pues, de combatirlo es precisamente reforzando la vinculación afectiva. Una forma de hacerlo es mantener unos espacios comunes en los momentos de transición de un hogar al otro. Por ejemplo, es habitual que la madre deje al niño por la mañana en la escuela y por la tarde lo recoja el padre. En la medida de lo posible se aconseja que durante la transición de hogar ambos padres dediquen un espacio común (aunque sea corto) para intercambiar información del niño y transmitir la sensación de complicidad e interés por su futuro. Esto puede hacerse mediante una breve merienda o encuentro en algún parque.

- Otro de los problemas que suelen surgir es el papel de las nuevas parejas de los respectivos padres. Estas figuras pueden establecer también vínculos afectivos con los hijos de sus parejas, pero también pueden ser una fuente de problemas si cuestionan algunos de los principios educativos establecidos por los padres. En cualquier caso, no podemos imponer la aceptación de nuestra nueva pareja a los hijos y forzar un nuevo padre o madre. No obstante, la vinculación afectiva hacia unos u otros dependerá de los recursos que cada uno dedique al niño y así este lo perciba.

- La separación produce, al igual que otras pérdidas en la vida, un proceso de duelo. El período de duración dependerá de cómo se ha afrontado por parte de los diferentes agentes y de la edad del niño. Normalmente, antes de un año los niños suelen haberse adaptado a su nueva situación y no deberían presentar problemas significativos al respecto.

CAPÍTULO 8
HERMANOS

La relación entre hermanos es una relación única, irrepetible y muy especial. Este vínculo constituye uno de los más fuertes y duraderos que existen a lo largo del ciclo vital de una persona. Los hermanos son figuras de apego que comparten experiencias paralelas en un momento similar del desarrollo. Los hermanos son aquellos iguales que nos acompañan en nuestro desarrollo, crecimiento y aprendizaje, y su influencia resulta crucial en estos procesos.

Un hermano o hermana es aquella persona de la misma generación, con una edad parecida, que forma parte de la familia, que se convierte en nuestro primer amigo, cómplice, compañero de juegos, e incluso rival. A través de esta especial relación los pequeños inician la socialización con los iguales, aprenden a compartir, a respetar, a convivir, aparecen nuevos sentimientos y emociones, como la rivalidad y los celos, la admiración o la protección.

La relación fraternal se basa en un vínculo esencial y especial para el desarrollo en la vida. La interacción que se produce es muy importante para el desarrollo social y afectivo, y contribuye también a otras áreas como el desarrollo motor, del lenguaje, del pensamiento, etc.

La hermandad se vive como una identidad colectiva, un «nosotros», compartiendo el mismo inconsciente. Antes de que la hermandad se separe como lo hacen las placas tectónicas, se forma en la intrapsique algo similar a un magma único e indiferenciado.

Los celos necesarios y el vínculo social, relación enriquecedora

En los hermanos biológicos está la experiencia fundamental de haber salido del mismo vientre, lugar arcaico de construcción del lazo fraterno. Hermanos y hermanas se representan en el imaginario como otros trozos de un mismo cuerpo, confortados por su parecido físico, del que a menudo ellos o sus padres se enorgullecen. Aunque la hermandad impregna las capas profundas de nuestra identidad, las relaciones entre hermanos y hermanas no siempre se viven en armonía tal y como evoca el término «fraternidad»; todos conocemos hermanos enemigos e incluso hemos constatado que en ocasiones la hostilidad aparecida en la infancia se prolonga indefinidamente en la edad adulta.

La rivalidad fraterna se gesta en torno al amor parental; aunque esta no tiene por qué ser alimentada siempre por los propios padres y tampoco evitada, debido a que los celos son el proceso por el que el niño aprende, comparándose, a diferenciarse de sus hermanos y hermanas, para poder convertirse en sí mismo. Esta tarea es más difícil entre los hermanos del mismo sexo y de edades parecidas.

J., de 33 años, el mayor de tres hermanos, dos chicos y una chica, me contaba enfadado que sus padres no hayan intervenido en sus disputas: «Nos pegábamos, competíamos permanentemente. Nuestros padres argumentaban que nuestras disputas nos hacían más fuertes. Debido a eso mi hermano pequeño sigue preso de su necesidad de superarme, y lo traslada a todas sus relaciones con los demás».

E., de 40 años, me decía: «Nuestros padres hacían todo lo posible para ser justos: los mismos regalos, los mismos derechos, los mismos mimos. Mis hermanos y yo vivíamos este igualitarismo como una injusticia; no teníamos ni la misma edad ni los mismos gustos. La necesidad de diferenciarnos ha terminado alejándonos».

Nuestros vínculos sociales son proyecciones inconscientes de lo que hemos conocido en la relación con nuestros hermanos. El vínculo social se edifica a través del vínculo fraternal, especialmente a través del juego.

Cuando el niño juega, construye mundos imaginarios, experimenta roles distintos, aprende a poner reglas comunes y a transgredirlas. En el juego es donde vive sus mayores alegrías y sus mayores conflictos. Cada éxito, cada fracaso, le obliga a negociar su lugar y a revisar sus estrategias.

Nuestros hijos nos ofrecen la posibilidad de revivir los conflictos que vivimos con nuestros hermanos y tenemos la oportunidad de ayudarles para que su relación sea enriquecedora.

Los vínculos realizados entre hermanos y hermanas son historias distintas. En la relación con ellos construimos el aprendizaje de la vida, con sus golpes de buena y mala suerte, de alegrías y tristezas. Es un camino en el que cada uno aprende a encontrar su lugar y a abrirse al otro, con mayor o peor eficacia, de forma adaptativa o desadaptativa.

Hijo único: conquistar la sociabilidad

La falta de hermanos y hermanas puede comportar problemas específicos, porque ser el único objeto de amor de los padres no es algo anodino. La sobreprotección de los padres va unida, muy a menudo, a una gran exigencia y control.

Todos los miedos están concentrados en el mismo hijo, y la educación roza a veces la intrusión. Muy arropado por los padres, que suelen acompañarle a todas sus actividades cotidianas (juegos, deberes, discusiones…), en cambio conoce también la soledad, el aburrimiento y la tristeza.

No medirse con el otro es el riesgo de crecer sin hermanos o hermanas. Es tarea de los padres velar para que el niño no se encierre en una burbuja. Varios consejos:

- No ceder a los estereotipos, un hijo único no será necesariamente de adulto egoísta, solitario y posesivo.
- Construir un clima de familia favorable a la apertura a los demás. Normalmente los hijos únicos sienten una gran avidez social.
- Evitar favorecer su precocidad intelectual en detrimento de su madurez afectiva.
- Controlar la presión debido a que no puede compartirla. Corre el riesgo de estar aún más preocupado por satisfacer las expectativas parentales que los niños con hermanos.
- Procurar no hacerle prisionero de la obligación de complacer.
- No hacer de él un adulto precoz, debe vivir plenamente su infancia.

Puntos clave en la relación entre hermanos

Llegada de un nuevo hermano

La llegada de un nuevo hermano supone para los niños un momento de cambio con el que no suelen sentirse muy cómodos. La llegada de este nuevo miembro a la familia suele suponer una reubicación de su lugar; el pequeño se siente destronado, cuando realmente sigue ocupando el mismo lugar, solo tiene que compartirlo. Es habitual además que quieran ser tratados como el nuevo miembro; les costará comprender que no es cuestión de otorgar más cariño, sino de la edad de cada uno. (Por ejemplo: cuando tenemos un bebé, le cogeremos en brazos y le alimentaremos, a un niño de 3 o 4 años le pediremos autonomía para comer y no le cogeremos tanto en brazos).

Es fundamental entender cómo se sienten los niños en esta situación, prepararles antes de la llegada del nuevo pequeño, compartir con todos los hermanos todos los momentos posibles y respetar los espacios, tiempos y actividades dedicadas al hermano mayor.

Celos entre hermanos

En diferentes momentos del desarrollo es normal que se produzcan celos entre hermanos. Los hermanos son iguales, y por lo tanto se percibirán como rivales en muchas ocasiones; uno querrá hacer lo que el otro hace y ser merecedor de las atenciones que tiene el otro.

Los adultos debemos entender y ser conscientes en todo momento de esta situación. Para ello es fundamental no comparar a los hermanos. Hay que buscar el apoyo entre ambos para que se den cuenta de que las metas de cada uno son objetivos comunes, que se ayuden mutuamente.

Los hermanos pequeños

Los hermanos pequeños verán en sus hermanos mayores aquellas figuras a las que imitar. Serán sus modelos a seguir, mirarán con admiración a los mayores, querrán ser como ellos. Son comunes también en este caso los celos en determinados momentos y el sentimiento de rivalidad. Para los pequeños es todo un reto llegar a hacer las cosas que hacen sus hermanos mayores, y serán una especie de rivales a los que seguir y alcanzar.

Los amigos de los hermanos. Cuando el hermano y compañero tiene otros compañeros

Los hermanos son los compañeros de juegos y de experiencias. Cuando uno de los hermanos está con sus amigos, el otro suele sentirse desplazado, abandonado por su compañero, que prefiere en ese momento otras compañías.

Es esencial hacer ver a los pequeños que los demás pueden ser amigos y que es importante tener más amigos, que cada uno tiene su lugar y su tiempo, pero que el no tener la atención y compañía exclusiva del hermano no significa que no nos quiera.

Hermanos en las familias recompuestas

Las familias recompuestas renuevan y enriquecen los tradicionales lazos fraternos. La reconfiguración familiar en el caso de las nuevas uniones hace aún más compleja la competición entre hermanos, al multiplicar los padres y rivales e implicar muchas veces un cambio en los rangos. Unas veces el pequeño deja de serlo o el mayor pasa a ser el segundo en edad, lo que con el tiempo suele vivirse como una suerte para ellos. Tiene la sensación de haber creado concordia allí donde los mayores habían creado el caos. Somos los adultos los que utilizamos el término de «medio hermano» en estos casos; ellos hablan de «hermanos».

> Hermanos de leche, hermanos de armas. Es evidente que el lazo simbólico supera el lazo biológico.
> F. Peille

Cómo crear una buena relación entre hermanos

- **Evita comparar.** No hagas juicios comparativos del tipo «este es más bueno, pero el otro es más listo». Valora las actitudes de cada uno en su momento, pero nunca las compares.

El objetivo es que cada hijo se sienta valorado como un individuo. Otra manera de hacer esto es ofreciendo halagos específicos: «¡Qué bien! Te abrochaste la camisa tú solita»; «Has limpiado el plato sin que te lo diga yo»; «Al darle un trozo de esa magdalena a tu hermana le has hecho sentir bien». Nada genera más resentimiento que alabar a uno a expensas del otro. Por ejemplo, evita comentarios como estos: «¿Por qué no puedes vestirte como se viste tu hermana? Ella siempre se ve bien arreglada». O: «Tu hermanito tiene mejores modales que tú, ¡y ya tienes 6 años!».

Incluso comparaciones elogiosas pueden generar hostilidad entre hermanos. Puede que tus intenciones sean buenas cuando le dices al mayor: «Ya te vistes solo, como un hombrecito, no como el bebé». Pero lo que puede suceder es que el mayor se esfuerce tanto en ser siempre mejor que su hermano pequeño que se sienta amenazado cuando este crezca y sea capaz de vestirse solo.

- **Crea un clima de colaboración.** Trata de buscar actividades en las que ambos colaboren. Enséñales que las metas de cada uno pueden ser metas comunes. Por ejemplo, si enseñas a tu hermano pequeño a montar en bici, estaremos orgullosos todos de él y de ti porque le has ayudado.

- **Dedica tiempo y atención similar a todos por separado y juntos.** Presta atención al tiempo que dedicas a cada uno, no te centres en uno de ellos porque sea más pequeño o porque necesite más atención por la causa que sea. Puede que alguno de ellos reclame menos atención, pero también la necesita.

- **Déjales su espacio como hermanos.** Intenta que tengan momentos de juego, de complicidad, solos, sin la supervisión de los adultos. De esta forma fomentas que compartan experiencias, que se hagan cómplices, que se cuiden el uno al otro, que solucionen sus rivalidades. A veces es mejor no meternos en sus cosas.

- **Si cuando atiendes a uno de ellos el otro pide tu atención, no se la des.** Tiene que aprender que es el momento del otro, y que cuando termines de atenderle le atenderás a él.

«Aguarda un minuto, chiquitín, ahora tengo que atarle el zapato a Carlos. Este hombrecito tiene que ir a la escuela». El bebé puede esperar unos cuantos minutos y el hermano mayor se da cuenta de que, a veces, tu prioridad es él.

- **Fomenta la comunicación y la escucha entre ellos.** Sirve de ejemplo y crea un clima de comunicación en el hogar. Cuando uno de los pequeños hable, es normal que el otro quiera reclamar la atención y opinar. Enséñale que ha de respetar su turno de comunicación, que hay que escuchar al que habla y cuando termine podrá hablar y todos le escucharán.

- **Hazlos partícipes de las alegrías, problemas y vivencias de cada hermano.** No le ocultes situaciones que tienen que ver con cada uno de ellos.

Conflictos: cómo y cuándo intervenir

Ayudar a los hermanos a llevarse bien mientras crecen es uno de los retos más importantes que afrontan los padres.

Las expectativas y las proyecciones de los padres son el motor de las emociones de rivalidad y de conflicto entre los hermanos, así como asegurarse un amor exclusivo, ser el mejor y dominar al otro son maneras de expresar ese deseo inconsciente.

La violencia no es aceptable, la integridad física y psíquica de cada hijo debe ser respetada, y son los padres los que deben velar por ella. Por eso, deben no solo aceptar poner límites, sino también reinterpretar su propia historia de hermano-hermana bajo el prisma de rivalidad fraternal. Así podrá entenderse qué hemos podido transmitir en términos de violencia (táctica o sentida) o de celos en nuestros hijos.

Enseñar a gestionar la ira

Cuando las cosas se ponen feas, muchos padres asumen que uno de los niños es el agresor y el otro la víctima. Esa percepción no ayuda a que encuentre una solución mutua. Pero esta percepción obliga a los padres a tomar partido por uno u otro y ello solo favorece el resentimiento.

La mejor intervención es encontrar un medio de apoyar a los dos. Es bueno recordar que si un niño se comporta agresivamente es porque se siente infeliz. Si uno de los hijos le está pegando a otro, probablemente es su forma de decir: «Me siento frustrado y asustado, y no sé cómo decirte lo enfadado que estoy».

Si la discusión se ha convertido en pelea, sepáralos y diles que no puedes permitir que se hagan daño. Cuando los hayas separado, dales un momento para que se tranquilicen. Luego, pídeles que expresen su frustración de una manera más positiva. Se le puede decir: «Parece que estás muy enfadado. Me pregunto si hay otra manera más tranquila de expresar ese sentimiento para que tu hermano sepa lo que te ocurre».

Del conflicto a la reconciliación

Ayuda a tus hijos a identificar sus sentimientos: «Se os ve muy enfadados». O sus deseos: «Veo que te encantaría jugar con ese camión de bomberos». A continuación, guíalos para que encuentren una solución pacífica a su conflicto: «¿Y si imaginamos que hay un gran incendio y lo apagáis juntos?» O: «Pongamos el reloj y jugáis por turnos con el camión; ¿qué os parece?».

En el caso de un niño pequeño al que todavía le cuesta hablar y trata de expresarse a base de patadas y gritos de rabia, puedes poner voz a sus sentimientos, por ejemplo: «Te enfadó mucho que el bebé te derribara los bloques, ¿no? Vamos a buscar un lugar donde puedas jugar con ellos para que no vuelva a ocurrir».

Cuando tus hijos discutan (y lo harán), es importante que te recuerdes a ti, y que ellos recuerden, lo más importante: que la familia dura toda la vida.

> Una cosa que nunca puedes quitarles a tus hijos es su historia compartida.

Expresiones de rivalidad entre hermanos: qué nos dicen, qué hacer

Cuando haya un conflicto, acéptalo, no lo reprimas. Hagas lo que hagas, el conflicto entre hermanos es un elemento inevitable de la vida familiar. Esperar que tus hijos siempre se quieran y se apoyen el uno al otro genera expectativas poco realistas, tanto en ti como en ellos.

Ayuda a tus hijos a entender que es normal enfadarse e irritarse de vez en cuando, incluso con las personas que queremos, sin que ello signifique que nos importan menos. Eso les ayudará a no sentirse culpables solo por haberse enfadado. Después puedes ayudarles a encontrar maneras positivas de expresar sus sentimientos y solventar sus diferencias.

Escucha sus quejas y reconoce lo que les preocupa, escucha las quejas contra los hermanos y no las rechaces sin más. Escucha a cada hijo con respeto y luego anímalos a que se escuchen entre sí.

Puedes tener la tentación de hacer de juez: «Siempre abusas de tu hermana pequeña». O de jurado: «Me pongo del lado de Diana porque le quitas todos sus juguetes». O tal vez de carcelero: «¡Hasta que aprendas a compartir tu robot con José estás castigado en tu habitación!». En cualquiera de los casos, es mejor reprimir este impulso, debes aguantarte y dejar que sean ellos quienes lo resuelvan.

Simplemente escuchar al niño cuando dice que siente envidia, o está enfadado o dolido con su hermano o hermana, reduce su resentimiento porque se da cuenta de que lo estás apoyando. No tienes que estar de acuerdo con él, tu papel es el de un mediador sereno que escucha la versión de cada hermano y hace que ellos se sientan comprendidos.

Los distintos tipos de conflictos

Se acusan mutuamente

- **Motivaciones inconscientes.** Pugnar sin importar los medios por ocupar el primer lugar en el corazón de los padres con la finalidad de demostrar a los progenitores que el otro no merece ser amado. Poco seguro de sus habilidades y competencias, se valoriza a través de las debilidades y fallos de un hermano/hermana. Cuando establecemos como padres (de forma inconsciente) un sistema de comparación-competición, empujamos a los niños a denunciarse los unos a los otros.
- **Restablecer el equilibrio.** Rechazando el juego «acusica» de forma clara y explícita, «eso no se hace» y «no lo necesito, ya conozco las tonterías que hace». Es una forma de devolverle al lugar de hijo y de tranquilizarlo. Le decimos con esta actitud que sus padres son fuertes y justos y que no cargarán a uno de ellos

el «trabajo sucio». Y tal vez lo más importante: que sus padres no permitirán tampoco que otro hermano le acuse. Hay que evitar al máximo las comparaciones entre ellos, ya que eso induce a competiciones malsanas y rivalidades.

No quieren compartir

- **Motivaciones inconscientes.** Destacar por su singularidad, con signos exteriores como el juego, la ropa o amigos exclusivos. No ceder nada de lo que les pertenezca al otro para no conceder al otro nada de poder. Y a la primera oportunidad, apropiarse de lo que otro hermano piensa que es «lo mejor» para así frustrarlo. Es su forma de expresar su necesidad de restablecer la justicia entre ellos, ya que los padres no lo hacen, dominando o haciendo demostraciones de fuerza.
- **Restablecer el equilibrio.** Las diferencias y la desigualdad han de ser explicadas. Las diferencias son marcadores importantes en la construcción de la identidad y en la aceptación de la alteridad[7]. Y es que ocurre que cuando los padres están obsesionados en el trato igualitario, tratan a los hijos indistintamente, y eso aviva su necesidad de ser únicos a ojos de los padres.

Una noche mi hija mediana estaba en el salón y se me quejaba de que yo no era justa, que no les daba lo mismo y no les trataba igual. Ella tendría entonces 14 años, y yo intentaba explicarle que tanto su edad como sus necesidades eran distintas a las de su hermano de 19 años y a las de su hermano de 7. Pero ella volvía una y otra vez a su cantinela de que era injusta con ella por no ser igua-

---

[7] El término «alteridad» se aplica al descubrimiento que el «él» hace del «otro», lo que hace surgir una amplia gama de imágenes del otro, del «nosotros», así como visiones múltiples del «él». Tales imágenes, más allá de las diferencias, coinciden todas en ser representaciones más o menos inventadas de personas antes insospechadas, radicalmente diferentes, que viven en mundos distintos dentro del mismo Universo.

litaria. El pequeño, que estaba en el sofá a mi lado esperando que leyéramos juntos, ya cansado de la conversación circular entre las dos, le dijo muy serio y un poco harto: «Mamá es justa porque nos da a cada uno lo que necesitamos, no lo mismo. Yo no necesito ir a dormir a casa de tu amiga, ni pintarme los labios para ir al cole, ¿vale?». Ella se levantó y se fue a su cuarto, y no volvió a quejarse del trato desigual nunca más. Es un episodio que ellos recuerdan y se ríen juntos. Vio claro que su hermano no podía ir maquillado a clase y en cambio ella sí lo hacía.

Son inseparables, están de acuerdo en todo

- **Motivaciones inconscientes.** Esto es debido a que se han unido en una autentica complicidad contra los padres o bien reprimen los celos y la rivalidad para agradarles. Se trataría en este caso de reprimir la agresividad transformándola en una demostración constante de amabilidad, un esfuerzo cuyo objetivo final es ser el ganador del amor de los progenitores. El riesgo es que permitimos que crezca un odio diferido e inconsciente, que terminara proyectándose en sus relaciones fuera del hogar. Y que con la desaparición del progenitor que promovía dicha actitud la relación entre ellos se convierta en nula o fratricida.
- **Restablecer el equilibrio.** Proponiendo actividades para separar a los hermanos; eso puede ser la autorización que esperaban para poder «despegarse». Aceptar las críticas así como las emociones negativas puede también liberar a los niños del fardo de ser siempre positivos. De adultos, si hemos crecido con este apego es importante cuestionarse: ¿qué celos personales nos hemos tenido que tragar?, ¿qué miedo revela la amenaza del conflicto?, ¿a quién y por qué necesitamos hacer la denostación de una «familia modelo»?

Se ignoran, no existen el uno para el otro

- **Motivaciones inconscientes.** Preferir no tener contacto cuando perciben que los padres no soportan sus diferencias y conflictos, para no provocarlos. Si la actitud aparece en la adolescencia es un acto de rebelión. No dar a los padres lo que esperan. Los hermanos entonces fingen la indiferencia afectiva porque saben que los padres querrían que fuesen cómplices, incluso amigos.
- **Restablecer el equilibrio.** Evaluando e interrogándose sobre cómo han vivido su posición dentro de la hermandad, si hemos emitido órdenes demasiado restrictivas —«los hermanos no se pelean», «solo os tenéis vosotros, los de fuera nunca estarán a vuestro lado»…—. Sin forzar la situación, buscar maneras de pasarlo bien. Las risas compartidas desencadenan las ganas de renovar las experiencias colectivas respetando la singularidad de cada uno, tejiendo lazos de complicidad en la familia.

Asumen roles de dominante-dominado

- **Motivaciones inconscientes.** Jugar el rol de padre/madre con el hermano/a, desvalorizándolo, intentar ocupar o reencontrar el niño el lugar soñado de hijo sin rival. Su estrategia: mantener al otro bajo su influencia, ya sea a través del miedo, las burlas o la violencia física, para evitar que le haga sombra.
- **Restablecer el equilibrio.** Poniendo fin a la violencia física o tiranía psicológica que el hijo-padre ejerce sobre el otro. Hay que retirarle toda autoridad delante de sus hermanos y prohibir clara y firmemente las burlas que humillan y desvalorizan. E interrogarnos sobre los juegos de rol que habitualmente jugamos, las etiquetas que a pesar nuestro les hemos puesto nosotros o nuestros parientes (*el soñador, el marrullero, el mandón, el cuentero*) y suprimirlas, dejando de reducirlos a unos pocos rasgos de carácter. Por

último y muy importante, tal vez el hijo autoritario esté reproduciendo un modelo de autoritarismo parental del que es víctima y que reproduce con sus hermanos o hermanas.

Se pelean por nada, a veces con violencia

- **Motivaciones inconscientes.** Hacer desaparecer al otro, para ser el único hijo amado. La violencia física evidencia ese deseo de eliminar al rival que viene a «robar» el amor parental.
- **Restablecer el equilibrio.** Recordando la única ley que civiliza al ser humano («Prohibido pegarse») y que es bidireccional, los padres tampoco utilizarán la violencia para reprimir la violencia del hijo. Si los adultos aplicamos la ley del más fuerte, ¿cómo vamos a hacerles comprender que no deben comportarse así entre ellos? Los golpes son un síntoma, expresan lo que sentimos ocupando el lugar de las palabras. Para fomentar las relaciones no violentas es necesario escuchar a nuestros hijos, que desencadenan su violencia —motivos, rencores, necesidades…— para poder comprender la mecánica de sus conflictos —sentimientos de injusticia, necesidad de reconocimiento…—. Establecer la comunicación verbal fluida entre padres e hijos es indispensable, y se puede recurrir a un profesional si la situación está muy exacerbada.

CAPÍTULO 9
EDUCACIÓN DISFUNCIONAL

> Un mismo acontecimiento traumático puede conducir a una compensación combativa, a un secreto o a una reflexión enriquecedora. Los niños, que no son culpables de nada, se merecen esto último.
>
> BORIS CYRULNIK

Si realmente se quiere aprender a educar a los hijos para que desarrollen autoestima, primero hay que reconocer lo que nuestros padres hicieron «mal» (con toda su buena intención) con nosotros y así poder cambiar el modo en que seguimos educando, para no transmitir dichos errores de una generación a otra.

No hay que caer en el error de culpabilizar o estigmatizar a los padres que no han sabido hacerlo bien, porque en general ningún padre supo ni ha sabido hacerlo mejor, ya que todos, en mayor o menor medida, han ido arrastrando de generación en generación carencias emocionales; son «víctimas de otras víctimas».

Puede ocurrir que no se hayan cubierto siempre las propias necesidades por los educadores (padres, abuelos, hermanos...) y los padres reproduzcan vergüenzas hacia parientes o hacia ellos mismos, que se transmiten a falta de otros criterios, ya que nadie les ha enseñado otras formas mejores de educar; se aprende por imitación u oposición, las mismas maneras y formas de educación que recibieron en sus senos familiares. O puede ser que no hayan visto otros comportamientos y, aunque ya son padres, sigan teniendo las mismas necesidades del niño pequeño que fueron, proyectándolas a los hijos.

Los padres que sienten culpa, vergüenza, rigidez emocional no ven los límites entre ellos y sus hijos. Si culpan o maltratan física o psicológicamente a los hijos es porque ellos se culpan y maltratan en sus comportamientos cotidianos, junto con la frustración que sienten porque sus hijos no están cubriendo sus necesidades insatisfechas, así que se autoinculpan porque no son capaces tampoco de recibirlas de sus hijos.

Suena muy duro expresado de este modo, porque los padres parecen maquiavélicos. La realidad es que los comportamientos erróneos no son conscientes, se perpetúan con el convencimiento de que se está haciendo lo mejor para los hijos.

En un curso, un joven de 33 años contaba que estaba muy preocupado por una actitud de intolerancia que había descubierto en él. Quería buscar una pareja con la que crear una familia y le estaba costando mucho, pues ninguna mujer de las que había conocido encajaba con el ideal. Decía: «La mujer tiene que ser alegre, positiva, divertida, ingeniosa, luchadora, fuerte e independiente».

Lo que no expresaba verbalmente pero sí con sus ejemplos era que además fuera dependiente de él. Porque él decía que la iba a dejar a ella y a sus futuros hijos que se expusieran a los leones, que les dieran zarpazos, y en el momento que sufrieran mucho peligro, entonces, y solo entonces, él intervendría en «el rescate».

Para el joven del ejemplo, todas estas explicaciones le parecían razonables y le convertían a él, frente a sus ojos, en diferente a los demás «hombres»; él no era posesivo ni protector, pero lo que le había hecho saltar las alarmas era el rechazo visceral que sentía hacia el gato macho que tenía, porque a diferencia de la hembra (eran una pareja), que era muy social, se acercaba a todas las visitas, se dejaba acariciar y buscaba siempre mimos, el macho era un antisocial, huía de las visitas, se escondía, era huraño y solo dejaba que lo tocara él, su dueño.

A través del seminario se había percatado de que si un hijo suyo tuviera rasgos de timidez, miedo a los desconocidos y no supiera ser extrovertido y el alma de la fiesta, no lo soportaría, lo machacaría.

Evidentemente, superaba su miedo al abandono; era hijo de padres separados y había permanecido en el hogar con el padre, un hombre depresivo, triste y poco social, y su madre, aunque mantenía una buena relación con ellos, vivía sola porque tenía tanta energía y fortaleza que ningún hombre la podía seguir. Había creado una imagen de hombre fuerte, seguro de sí mismo (él podía salvar a su esposa e hijos igual que si fuera Indiana Jones), por encima de su esposa e hijos, para así no ser abandonado como le ocurrió a su padre.

¿Qué era lo que no toleraba? La debilidad, la tristeza, la incomunicación, el pesimismo, lo que temía ser, lo que para él le hacía abandonable. No podía soportar ver esos atributos en un hijo (su gato) porque le convertían en víctima y defectuoso, y él como padre no podría verle feliz, no podría salvarlo como no pudo salvar a su padre. Sintió que él y su hermano habían sido el pago de la libertad de mamá, habían continuado allí en casa para que papá (el más débil) pudiera sobrevivir.

Para saber educar en autoestima no es necesario que los padres la posean alta, pero sí es imprescindible que se reconozcan las propias limitaciones y carencias y no proyectarlas en los hijos.

Los errores más comunes que educan en baja autoestima

Negar al niño

Negal al niño es no confiar en él, no aceptar su crecimiento personal, estar convencido de que todo lo hace por maldad o con intención egoísta o que es incapaz de hacer las cosas él solo.

Es negar sus sentimientos no permitiéndole que los exteriorice: «Los chicos no lloran»; «Qué patética eres gimoteando»; o no dejándole que los exprese: «¿De qué te sirve lamentarte?, no cambiarás nada»; «Quejarse no sirve de nada»; o descalificándole por sentir algo: «Eres tonto, ¿no ves que es una película?»; «¿Estás loco, que yo te hago sentir así?»; o negando que el niño pueda sentir algo: «Tú no estás enamorado, ¿qué sabrás tú?»; «No, tú no estás triste, un niño guapo no está triste nunca».

Es negar sus percepciones: «Quien bien te quiere te hará llorar, así que tú a obedecer a la profesora»; «Tu tía es mi hermana y aunque pienses que te hace sufrir, es muy buena y tú te aguantas».

Es no creerlo: «Si tu profesor te riñe seguro que es porque tú te lo mereces»; «No me vengas con cuentos, tu primo ya me ha contado lo que ha pasado»; «Solo a ti se te podía ocurrir acusar a tu primo de cosas tan horribles, eres un monstruo».

Y por último, no escucharlo o no atenderle: «Yo te quiero mucho pero ahora no estoy para tonterías, tengo cosas más importantes que hacer que jugar contigo»; «Tú te callas».

No cubrir las necesidades básicas

Abandonar al niño en momentos concretos o dejarle solo es una forma de no cubrir sus necesidades. Por ejemplo, un hijo que toca el piano y nunca vamos a la fiesta de final de curso; o cuando un niño llora y se le envía a su cuarto hasta que deje de hacerlo; o si le dejamos con los abuelos porque está enfermo y no vamos a verlo hasta que lo recojamos al estar ya sano.

No cubrir sus necesidades es negarle muestras de cariño como abrazos, miradas, caricias, sonrisas, una palabra hermosa. La negación de las necesidades básicas muchas veces es una forma de castigo común («No te doy un beso, estoy enfadada, eres un niño muy malo»), y veces la reacción es un desprecio al niño porque necesita acercarse a uno de los progenitores y este reacciona mal porque no está para «tonterías», está ocupado en cosas tan importantes como fregar el suelo u ordenar un cajón de facturas («¿Ahora qué quieres?, ¿no ves lo que estoy haciendo?»).

Hacerle responsable de los problemas de los adultos

Hacer sentir al niño como único responsable del bienestar del grupo familiar y/o de alguno de los progenitores es un error frecuente.

El chantaje emocional es una de las formas más comunes de conseguir que los hijos hagan lo que los padres desean sin utilizar violencia, pero es altamente nocivo para la víctima del chantaje.

El chantaje emocional adquiere formas muy sutiles, por lo que cuesta ver que se trata de una manipulación del padre o de la madre para conseguir lo que quieren e ignorar los deseos y necesidades del hijo, ya sea haciéndolo sentir culpable, obligándolo o a base de miedo.

Algunos padres producen sentimiento de culpa a sus hijos utilizando sus sufrimientos y esfuerzos con reproches si el hijo da muestras de independencia o de ser feliz. Tanto explícita como implícitamente, la felicidad del hijo es reflejada como una traición a los padres abnegados y sacrificados. Utilizan la culpabilización como forma de control y de fidelidad.

El mal uso del miedo, el chantaje emocional

La manipulación se convierte en chantaje emocional al ser utilizado con persistencia para coaccionarnos a aceptar las demandas del sujeto chantajista a costa de nuestro bienestar y de nuestros propios deseos.

Todo chantaje (luego hablaremos de los distintos tipos de chantajistas) es una forma de percibir al otro desde la «cosificación» del sujeto, desde el «utilitarismo», eres una cosa, un objeto y eres responsable de cubrir tal o cual necesidad, no te veo como sujeto sino como objeto de mi propiedad, eres mi hijo/a, esposo/a, amigo/a…

Veamos las cuatro estrategias de los chantajistas.

Confusión

A los chantajistas les encanta crear situaciones de confusión; es la mejor estrategia para que los demás no nos demos cuenta de sus intenciones reales.

Es normal que a veces tengamos miedo, que nos sintamos culpables por algo que hemos hecho o dicho, o porque hayamos olvidado alguna obligación. Lo que sucede es que en las situaciones de chantaje estos sentimientos son manipulados para que adquieran dimensiones desproporcionadas. El chantajista nos acorrala, no nos deja tiempo para reflexionar sobre lo que nos sucede, solo reaccionamos para poder rebajar la presión que sentimos. A mayor confusión, más poder para el chantajista.

Miedo

Los chantajistas han desarrollado un instinto natural, una intuición dirigida a detectar nuestros miedos y saber cómo utilizarlos. El chantajista no es un psicópata, no se trata de que pensemos que está todo el tiempo analizando o planificando sus acciones con relación a nosotros; es su necesidad (su miedo de no) de conseguir lo que desean lo que hace que no duden en utilizar (consciente o inconscientemente) nuestros miedos. Uno de los miedos básicos es el de ser abandonados o alejados de las personas que queremos.

El chantajista deja claro que, si no haces lo que él quiere o cedes ante sus demandas, te arriesgas a:

- Que te abandone.
- Que deje de quererte.
- Que te grite.
- Que te despida.
- Que te desapruebe.
- Que te haga sentir miserable.
- Que te odie.
- Que te hiera emocionalmente.
- Que te deje de hablar.
- Que se enfrente contigo.

Y para salir de estas situaciones, el niño, al igual que el adulto, cede para conseguir paz a cualquier precio.

Obligación

Una sociedad está regulada en base a las obligaciones que tienen sus integrantes unos con otros; el sentido del deber, del altruismo, de la obediencia, del respeto y la generosidad son respuestas que aprendemos de nuestras familias y que nos ayudan a convivir. Todos intentamos vivir de acuerdo a nuestro sentido de la responsabilidad.

Los chantajistas no vacilan ni un instante en poner a prueba nuestro sentido del deber, recordándonos a lo que ellos han tenido que renunciar por nosotros, lo mucho que han tenido que esforzarse para conseguir sus objetivos y la cuantiosa deuda que hemos adquirido con ellos.

Suelen exagerar su generosidad, convirtiendo actos ordinarios y habituales en auténticas heroicidades; otros encubren sus miedos a la separación de la pareja o del hijo como deber y acto de sacrificio.

Desde que naciste cuidé de ti, te di el pecho un año, te bañaba y me levantaba por las noches cuando llorabas o estabas enfermo. ¡Mira cómo me lo pagas, prefieres estar con tus amigos que conmigo!

La madre está reprochando algo que forma parte de la obligación y deber de cuidado y que todo adulto, progenitor o no del niño, debe realizar para asegurar su supervivencia y salud. No hay nada de heroico ni excepcional en el cuidado del bebé por parte del adulto.

Si no me fui de casa y dejé a tu padre, fue por ti... Siempre he tenido que sacrificarme por todos, y ¡mira cómo me lo pagas!

En algunos casos, proteger al hijo hubiera sido tener el valor de dejar al progenitor, sobre todo en casos de violencia. Quedarse ha causado un daño grave en la psique de los hijos, que tal vez tardemos toda una vida en poder reparar.

Cuando estamos sometidos a este tipo de presión, olvidamos fácilmente nuestras propias necesidades y no cumplimos con nuestro deber (lo que el chantajista espera). No es nada fácil establecer los límites entre nuestra responsabilidad y la de los demás. Si nuestro sentido del deber u obligación es más fuerte que el sentido del autorrespeto y del cuidado de uno mismo, somos carnaza para los chantajistas.

Culpabilidad

El sentido de culpa es un sentido regulador, que nos marca normas de lo que está bien y lo que está mal, aunque esta dualidad es social.

Tras tener un disgusto con los hijos los padres suelen expresarles: «Me pondré enfermo/a por los disgustos que me das»; «Un día me matarás».

Toda persona sensible y responsable tiene sentido de culpa. Ello nos ayuda a seguir una serie de normas y, como acostumbra a producirnos dolor si conscientemente las incumplimos, hacemos todo lo posible por cumplirlas, hasta el punto que podríamos decir que no dañamos a los demás para evitar el sentimiento de culpa que ello nos puede crear.

Aunque no siempre la proporción de nuestros sentimientos de culpa es equivalente a la realidad de lo ocurrido. El sentimiento de culpa inmerecido no siempre tiene que ser proporcional al daño que supuestamente le hemos causado a la otra persona, más bien tiene que ver con «el creer que es así». Otros progenitores se ponen enfermos, se acuestan y se aíslan y explican a los demás lo mal que están por los disgustos que les provoca su hijo. O los más light expresan su tristeza de maneras como: «Con lo feliz que hoy me sentía y tú lo has estropeado»...

Los sentimientos de culpa exagerados y los remordimientos que sentimos tienen poco que ver con la acción, identificación y corrección de la conducta dañina.

El comportamiento durante el proceso de culpa es:

1. Yo actúo.
2. La otra persona se enfada.
3. Asumo toda la responsabilidad por el enfado de la otra persona, sin analizar si tengo algo que ver.
4. Me siento culpable.
5. Haré todo lo que sea necesario para reparar este daño que yo he hecho y me sentiré mejor.

Los chantajistas nos empujan para que asumamos la responsabilidad por sus quejas sobre su infelicidad, provocando en nosotros un efecto de culpabilidad. Todos necesitamos pensar que somos buenas personas, y sentirnos culpables hiere lo más profundo de nosotros mismos. Nos duele no estar seguros de que queremos a los demás así como que nuestra valía como buenas personas está en duda.

El chantajista nos hace saber lo que desea porque está convencido de que lo que él quiere es más maduro, valioso y bueno. Lo mejor.

> Egoísta es aquel que piensa más en sí mismo que en mí.

Los chantajistas ¡tienen derecho! (a veces de forma muy educada). Nos acusan de ser inmaduros, locos, desagradecidos, inconscientes, débiles... Cualquier tipo de resistencia a sus demandas precipitará un alud de acusaciones.

Los cuatro tipos de chantajistas

Los autocastigadores

Con sus amenazas de hacerse daño nos obligan a ceder a sus demandas, obligándonos a dejar de pensar en nosotros. Su juego es la obligación, nos atrapan por nuestra necesidad de ser buenas personas. Pero ellos solo piensan en sí mismos, los demás solo somos un objeto que debe satisfacer sus necesidades. El padre o la madre esconden en este comportamiento un miedo al abandono: «No podré soportar que me abandonen».

Amenazan con frases como:

- «Si no comes, mamá se pondrá muy triste».
- «Si sales con tus amigos esta noche, yo no podré dormir».
- «Si vas de excursión, pasaré tanto miedo que no podré comer nada en todo el día».
- «No me cuentes tus historias, me ponen enferma».
- «No me expliques tus problemas o volveré a deprimirme».
- «Si no haces lo que te pido, no voy a comer» o «no voy a tomar mi medicación del corazón»...

Los castigadores

Nos hacen pagar muy caro que no accedamos a sus exigencias; suelen saber muy bien qué quieren de cada persona.

Actúan con agresividad o con silencios culpabilizadores. Sentimos su agresividad y la presión a que nos someten. La mejor manera que solemos encontrar es ceder y romper así la situación de tensión emocional. Esconden en su niño interior un miedo asociado a la creencia limitadora de «no me lo merezco». Frases típicas suyas:

- «Si no te portas bien, no verás más a la abuelita».
- «Si te casas con..., te borro de mi testamento».
- «No quiero que me cuide una enfermera».
- «No te daré ningún beso si no te lo comes todo».
- «Si lloras otra vez, te abandonaré en la calle».
- «Mamá no te querrá si no haces las cosas bien».

O bien nos castigan con los silencios mortales que nos obligan a decirles:

- «Dime algo»; «¿Qué estás pensando?»; «¿Estás enfadado?»; «Grita, pero no sigas con este silencio sepulcral»...

Los sufridores

Sus amenazas giran alrededor del sufrimiento que nosotros supuestamente les infligimos. Hacen de su sufrimiento el centro de su vida emocional. Sus miedos corresponden a la creencia de «si no soy necesario, no me merezco que me quieran». Dicen cosas como:

- «¿Cómo puedes hacerme esto, con lo que yo hago por ti?».
- «Nunca me haces caso, no escuchas nada de lo que te digo, y luego cuando ya me has hecho sufrir, yo tengo que solucionarlo».
- «No regreses muy tarde, ya sabes que sufro y no puedo dormir hasta que oigo la puerta».
- «Nunca te pido nada y para una vez que lo hago eres incapaz de hacerlo por mí».

Un claro ejemplo es la película *Las mujeres de verdad tienen curvas*.

Los torturadores

Nos someten constantemente a pruebas con promesas de que obtendremos algo fantástico si nos sometemos a su voluntad. Creen que nadie les quiere lo suficiente y exigen constantes demostraciones.

- Después de maltratar al niño le amenazan con hacerle daño al hermano pequeño o al otro progenitor si lo cuentan.
- Pueden hacer cómplice al hijo de su infidelidad y le exigen lealtad, que no lo cuente, unas veces a cambio de favoritismos y otras a cambio de no hacer daño a alguien muy querido por el niño, que puede ser la abuela, la madre, una niñera…
- Pueden abusar sexualmente bajo presión de hacer daño a algún familiar o de no dar afecto y cariño, sino malos tratos y desprecio a cambio. Es la forma más destructiva e incluso patológica.

Los efectos de los comportamientos nocivos en los hijos

Si no se trabaja con niños ya sea desde la pedagogía, la psicología o la asistencia social, es difícil imaginar lo que sienten los niños que padecen este tipo de educación. Les es difícil expresar cómo se sienten, ya que no pueden comparar con otros padres ni saben cómo sería en otro lugar o con otros padres.

Realmente es al ir haciéndose mayores cuando toman conciencia de cómo se sienten y de cómo viven las circunstancias de su vida. Para un niño, el rechazo materno es como la pérdida de la madre, para él es «peligro de muerte». Esta es la percepción que un niño no deseado tiene almacenada en su psique: «Estoy en peligro, quieren matarme».

Un niño que se siente de más, que sobra, que es un intruso, se siente obligado a pagar precios, a dar algo a cambio para lograr que lo acepten y así pertenecer a su familia.

Si las necesidades son desatendidas, el mensaje que enviamos al niño es que sus necesidades no son importantes, y pierde el sentido de valor personal. Piensa que no importa a nadie, no merece que nadie esté allí por él. Como no tiene a nadie de quien depender, termina pensando que no tiene derecho a depender de nadie.

Los niños sometidos a estos estímulos son tremendamente obedientes, no hace falta repetirles las normas demasiadas veces ya que su integridad depende de que estén fuertemente interiorizadas. Son sumisos, pero si se sienten abandonados intentarán llamar la atención por todos los medios, mostrando conductas desesperadas como llamadas de atención.

También pueden mostrarse agresivos, con conductas aparentemente malas (robar, mentir), y si para que le tengan en cuenta el niño tiene que provocar que se preocupen por él o que le peguen, lo intentará todo. De todas formas, lo hace sabiendo que transgrede las normas (pese a su conducta sigue siendo obediente a lo que debería ser), sintiendo que el ideal de hijo que desean sus padres le aleja de él aún más, creciendo de este modo su culpa y su vergüenza.

Lo más lamentable es que las estrategias que utilizan los maltratadores en casos de violencia de género (ahora tan estudiada y rechazada por la sociedad) son en su esencia las que disfrazadas de educación aplican algunos padres a sus hijos.

Según Antonio Escudero, los cinco factores que vinculan al niño con su maltratador sin poder liberarse son:

1. Aislamiento real o mental de la persona (no son como nosotros —nos tienen envidia—, no nos quieren).

2. Dependencia de la víctima con el progenitor, falta de perspectiva y aislamiento.

3. Pérdida de la propia identidad por no respetar sus criterios. Se utiliza la descalificación como estrategia de maltrato (en el niño es falta de adquisición de identidad)

4. La culpabilización. El acusado se convierte en acusador, provocando la desorientación de la víctima. «No hay mejor defensa que un buen ataque» es el lema del maltratador.

5. Identificación de la conducta con el ser; lo que hago es lo que soy.

Si no queremos seguir repitiendo errores, aún tenemos oportunidad para hacer las cosas algo mejor o ayudar a nuestros hijos para que eduquen de forma distinta a como lo hicieron con nosotros y como lo hicimos con ellos.

Si cambiamos la relación y las conductas erróneas con los hijos, aunque estos sean ya adultos, sanaremos al «niño» que llevan dentro y que es el causante de sus dificultades emocionales actuales.

CAPÍTULO 10
ESPERADA PATERNIDAD: ADOPCIÓN

Adoptar a un niño del extranjero se parece cada vez más a disputar una carrera de obstáculos. Es necesaria una gran dosis de paciencia, tolerancia a la frustración y un desembolso económico considerable.

Las familias que quieren adoptar lo pasan mal y sufren problemas emocionales, pues transcurren años en el proceso. La espera es tan larga porque obtener el «Certificado de idoneidad» tarda ahora con los recortes entre 12 y 18 meses (antes era de 4 a 6 meses) y también por el endurecimiento de las condiciones en los países de origen de los niños, unas veces por la mejora de las condiciones socioeconómicas del país (emergente), en otros por sobredemanda (China), o por decisiones de índole política (Rusia). También hay países que no aceptan la adopción por parte de ciudadanos donde el matrimonio homosexual es legal. Pero todas estas trabas afectan a las muchas familias que esperan poder ir a por su hijo asignado. Son situaciones emocionales extremas, que además se ven agravadas porque según el tiempo que transcurra (hasta 7 años en China), el propio perfil de adopción de los padres cambia.

Los padres ven pasar sus mejores años, cuando tienen vitalidad para levantarse por las noches, emprender actividades con los niños, hacer sacrificios que son inherentes a la paternidad. Sin embargo, ven que pasa el tiempo sin saber cuándo llegará el niño a casa. La edad corre en su contra.

Muchos padres pasan primero por los difíciles y emocionalmente estresantes procesos de fertilidad; cuando todo lo intentado es fallido, comienza el duelo y la aceptación de la adopción.

Si no superamos este duelo, puede afectar directamente al hijo adoptado.

La adopción de niños en España ha aumentado exponencialmente en los últimos años, situándose en las tasas más altas del mundo, solo superadas por Estados Unidos. Por su parte, China es el principal país de origen de los niños adoptados. Le siguen Rusia, Ucrania, Colombia, Perú, India, Kazajistán, Nepal y Etiopia. Estos niños son recibidos por familias con una alta motivación por tener hijos y que suelen disponer de los recursos afectivos y económicos para atenderlos. De lo que no suelen disponer los padres adoptivos es de información concreta acerca de los síntomas y comportamientos que son habituales en estos niños y la forma de ayudarlos.

Cada niño llega con su propia historia y vivencias personales. Según la edad de adopción, puede haber pasado por diversas instituciones, familias de acogida, etc. Todo ello suele suponer a edades tempranas la imposibilidad de establecer una vinculación adecuada y, por tanto, son susceptibles de presentar ciertas características emocionales y de comportamiento que hay que conocer.

El niño debe ser aceptado por su familia adoptiva tal y como es, procurando no anteponer las expectativas propias como padres, que no serán reales, respecto a la historia vital del niño, algo que solo nos llevará a frustrarnos y a frustrarle.

Hay que observar las cualidades, habilidades y dificultades del niño para poderle ayudar y amar incondicionalmente, aceptándolo tal y como es.

La adopción es, para los niños, parte de lo que son; pensarán en ella durante toda su vida. Será fundamental, para ambas partes, que los padres adoptivos ayuden al niño a expresar lo que siente y piense, a conversar de forma natural sobre el tema. La comunicación, la expresión de la emoción, es siempre fundamental para que el vínculo se fortalezca, y en este caso no es excepción.

Se debe mantener una actitud de escucha y comprensión para que el niño vaya confiando sus emociones sin temor; del mismo modo se debe ser sincero con él, de esta manera aprenderá a serlo también él y los vínculos de afecto se irán fortaleciendo.

Sea cual sea la edad del niño adoptado, es conveniente permitirle que lleve consigo objetos personales de su pasado; necesita ese nexo, ese punto de partida conocido, para poder iniciar su nuevo camino.

Los padres adoptivos deberán enfrentarse a cuestiones bastante más complejas que las que han de superar los padres biológicos. Al igual que cualquier otro padre biológico, un día puede sentirse orgulloso y al otro «vencido», pero lo más importante es que si como padres se aceptan las propias limitaciones y las de los hijos, se creará un auténtico vínculo.

Derecho inexcusable del hijo adoptado

Hay que aceptar el derecho que tiene el hijo adoptado a saber todo cuanto sea posible sobre su adopción y sobre su vida anterior. Siempre que nosotros conozcamos las circunstancias exactas, ello le ayudará a disipar sus fantasías de culpabilidad sobre el tema el pensar «fui malo» o «algún problema debía tener para que mis padres me dieran».

Si no conocemos nada de su familia o el porqué, es mejor empatizar con la madre desconocida en lugar de criminalizarla, por ejemplo: «Mira si te debía querer que prefirió que una familia que pudiera cuidarte mejor te acogiera y te amara antes que ser egoísta y que pasaras frío, hambre o una guerra».

Es muy perjudicial ocultarle que es adoptado; cuando lo descubra de adulto por algún papel oficial que necesite o de cualquier otra manera se sentirá engañado y traicionado, y será mucho más difícil reparar ese daño que el de las circunstancias que envuelven una adopción.

Es importante contestar a sus preguntas, aunque lo más normal es tener escasa información al respecto; pero todo lo que se sepa hay que compartirlo. Como padres, hay que ayudarle a asimilar y a aceptar esa historia, siempre adaptando los detalles a la edad del niño y a su madurez.

Es conveniente utilizar la palabra «adopción» de forma natural y en un sentido positivo para que el niño se vaya acostumbrando a ella y a hablar del tema con naturalidad e ilusión. Se le puede relatar el viaje que se hizo parta ir a buscarle, los primeros días con él, las anécdotas divertidas que hayan pasado por desconocimiento del idioma o de las costumbres…

La adaptación del niño a su nueva familia

Los niños adoptados pasan por diferentes fases en ese proceso de adaptación, pero estas siempre serán las mismas en todos los casos; lo que variará es su duración (más breves cuanto más pequeño es el niño) y la facilidad en la adaptación (mayor también cuanto más pequeño), en función de la edad del niño.

- **Fase inicial de angustia o ansiedad.** Pueden ser frecuentes los llantos, el nerviosismo, dormir mal e incluso puede resentirse el apetito. En esta fase, el niño muestra rabia y dolor por el abandono.

  Para ayudarle a asimilar todo, es conveniente ofrecerle mucho contacto físico (abrazos y caricias, demostraciones de afecto) que le hagan sentirse seguro y querido en esa, su nueva casa.
- **Fase de adaptación.** Conocerse mutuamente. Irá probando los límites de lo que puede y no puede hacer, de lo que puede esperar y recibir de las otras personas…

También habrá largos períodos de llanto, y predominará la ansiedad por ambas partes. Sobre todo no hay que olvidar, en ningún momento, que estas conductas no son algo personal contra los padres, sino consecuencia de su situación anterior. Ha de predominar siempre el principio de benevolencia y recordar que el niño no es nuestro enemigo ni es malo, sino que está desbordado por todos los cambios y duelos que debe realizar, además del miedo a que de nuevo pueda ser abandonado.

Con suave firmeza, habrá que irle marcando esos límites que él tanto necesita, aunque aparentemente se le esté contrariando.

Historia previa de adopción (posibilidades de vinculación afectiva)

A nivel psicológico, los factores que resultan más determinantes en la futura conducta del niño adoptado son los denominados problemas de vinculación que, en algunos casos, derivan en trastornos del vínculo[8]. En la actualidad no hay ninguna duda de que la salud psicológica de los niños desde edades muy tempranas viene condicionada en gran manera por la calidad y frecuencia de las relaciones interpersonales que los contextos humanos les proporcionan desde el mismo momento de su nacimiento e incluso antes. De todas estas primeras relaciones, hay una que denominamos «apego» y que constituye uno de los soportes básicos para estructurar una personalidad sana.

El apego (o vínculo afectivo) es una relación especial que el niño establece con un número reducido de personas, normalmente con los padres biológicos y en especial con la madre, ya que les une un lazo previo que se construyó durante el embarazo y que

---

8 Se describen en el capítulo siguiente.

viene determinado genéticamente para asegurar la supervivencia del futuro niño. Los niños que fueron institucionalizados antes de los 3 años en centros de acogida o pasaron por diversas familias es muy probable que no hayan tenido la posibilidad de haberlo establecido durante las etapas críticas. Ello lleva consigo el desarrollo de un perfil psicológico peculiar que más adelante exponemos.

La edad de adopción

Adoptar a un bebé supone la posibilidad de empezar el establecimiento temprano de vínculos afectivos y, por tanto, minimizar riesgos importantes. El niño no es consciente de su situación y tendremos tiempo para irle explicando.

Entre los 2 y 5 años, los niños ya han empezado a utilizar el lenguaje y a grabar en su memoria emocional todos los acontecimientos que intuyen relevantes. Su estado psicológico actual dependerá del afecto y las posibilidades de estimulación que hayan recibido.

A estas edades los niños son, en su mayoría, conscientes de que inician una nueva vida. Muchos de ellos suelen reaccionar ante la consecución de unos padres de forma que quieren olvidar y borrar todo lo que tiene que ver con su pasado. Debido a ello, si provienen de otros países, pueden evitar, al principio, el contacto con compatriotas u objetos que les recuerden a su país de origen.

A medida que la edad de adopción es mayor, la carga vital acumulada puede dificultar las relaciones con los nuevos padres, ya que parte del dolor emocional acumulado puede expresarse y dirigirse contra ellos. Para este tipo de adopciones (de niños de más de 7 años) puede ser aconsejable el seguimiento por parte de un profesional de la psicología infantil durante el proceso inicial de adaptación.

Otros factores importantes

En la comprensión del niño adoptado también deberemos valorar aspectos importantes como los estilos educativos de los padres. El mejor estilo educativo es el que llamamos democrático, como hemos venido potenciando dentro de estas páginas, frente al permisivo o autoritario. Esto también resulta válido para el hijo adoptado.

El estilo democrático, en resumen, se caracteriza con la exigencia de unos principios o valores compartidos por los miembros de la familia, una estructura clara de las normas y los límites, pero combinado con una gran aportación y comunicación afectiva hacia los hijos.

También juegan un importante papel las expectativas tanto afectivas como de desarrollo que se crean los padres acerca del nuevo hijo. Expectativas demasiado altas pueden encontrarse con una realidad diferente y frustrar, en cierta medida, sus anhelos.

Un factor a valorar es lo que denominamos resilencia. Según Manciaux, la resilencia es «la capacidad de una persona o un grupo para desarrollarse bien, para seguir proyectándose en el futuro a pesar de los acontecimientos desestabilizadores, de condiciones de vida difíciles y de traumas a veces graves».

La resilencia es una actitud hacia la vida, una forma de crecer y desarrollarse de forma efectiva haciendo frente a la adversidad y, por tanto, un potencial de esperanza que ayuda a las personas a recuperarse de las situaciones complejas. Este concepto de resilencia es aplicable tanto a los padres como a los niños. En estos últimos sería el resultado de los aportes afectivos, educativos y socializadores que sus padres u otros adultos han sido capaces de ofrecerles.

Los niños adoptados suelen llevar consigo, en muchos casos, lo que denominamos problemas de vinculación afectiva temprana. Ello los hace mucho más vulnerables emocionalmente a situaciones de cambio imprevistas, en especial aquellas que suponen la posible pérdida o distancia de las actuales figuras de vinculación. La llegada de un nuevo hermano, la separación de los padres, incluso cambios de colegio, maestro o ciudad, pueden despertar de nuevo en ellos ciertas alarmas emocionales que pueden cursar con desestabilización afectiva y conductas desadaptadas.

Finalmente cabe destacar que otros factores como la cultura o el nivel social y económico de la familia pueden resultar importantes en la adaptación y funcionamiento del niño adoptado. Un nivel cultural adecuado supone la comprensión o búsqueda de las peculiaridades del nuevo hijo, así como el nivel económico supone el acceso a recursos privados cuando no están disponibles a nivel público.

Resumiendo...

- Si se trata de un bebé que todavía no habla, los recuerdos de sus experiencias anteriores al momento de la adopción han quedado grabados en su cuerpo sensitivo, en su mundo de sensaciones, y forman ya parte de su historia personal a un nivel muy profundo.
- Cuando el niño ya se ha iniciado en el lenguaje, ya hay recuerdos en su memoria.
- Entre los 2 y los 5 años, es muy conveniente ir hablando abiertamente sobre la adopción y sobre la historia de la misma:
  – Explicarle que él o ella nacieron y luego fueron adoptados, ya que en la fantasía de algunos niños está el hecho de que al haber sido adoptados ellos no han nacido.
  – Describirle cómo era cuando le vieron por primera vez: aspecto, rasgos, ropa, emociones que sintieron al verle, al cogerlo en brazos, el viaje a casa...

— Destacar lo excepcional de su llegada a casa: cómo fue, quiénes les esperaban para recibirles, cómo era su habitación, sus cosas... Enseñarle fotos de ese día. No confundir al niño respecto al día en que fue adoptado y el que es su día de cumpleaños; se han de mantener diferenciados.

En base a todo ello, irán creando su propia identidad y hay que ayudarles a que lo hagan.

- Entre los 5 y los 11 años, son muchas las experiencias y los recuerdos que han dejado huella en él. Gran parte de la rabia y el dolor sentido por la/s pérdida/s y la/s separación/es irán dirigidos hacia los padres adoptivos. En la adopción de niños de esta edad, es conveniente el apoyo de un profesional de la psicología durante las primeras fases de adaptación. En los primeros años escolares, ellos mismos se sienten distintos a sus compañeros, aunque quizá aún no entienden muy bien por qué.

En este período ya escolar, el niño adoptado puede oír comentarios de sus compañeros que le pueden resultar dolorosos. Hay que escuchar lo que les cuente al respecto, y ser sincero con él.

- La adopción de un o una adolescente es poco frecuente y hace preciso soporte profesional, tanto a la familia como al joven, por la complejidad que puede devenir de la nueva situación sumada a la especial etapa de crisis que supone la adolescencia. Su crisis natural de identidad será más profunda que en un niño no adoptado.

La adaptación por ambas partes será muy difícil. En esta etapa se juntará el intento de crear una nueva relación con los padres y la necesidad, propia del adolescente, de irse separando para convertirse en un individuo independiente. Aunque los padres le hayan demostrado su amor infinitas veces, ellos seguirán cuestionándose (por su condición) si son dignos de ser queridos por los nuevos padres. El proceso puede ser largo y lento.

Sentimientos que suelen estar muy presentes en el niño adoptado

- Miedo a ser nuevamente abandonado por su nueva familia, como hicieron sus padres biológicos.
- Desconfianza hacia los adultos (que les han abandonado, defraudado…). Habrá que ganar su confianza, sobre todo con mucho amor y paciencia, pues el niño les pondrá a prueba todo lo que pueda para ver si realmente es importante para sus padres.
- Sentimiento de que nada perdura, de inseguridad ante todo, pues no conocen la estabilidad.

Las situaciones de separación, pérdida y abandono, que se repetirán en mayor o menor grado a lo largo de su vida, serán especialmente mal vividas por el niño adoptado. Se mostrará especialmente sensible y reacio a iniciar relaciones basadas en la confianza hasta que sus experiencias le vayan demostrando lo contrario.

La llegada a casa, primeras reacciones tras la adopción

- Malos hábitos adquiridos (de higiene, de comer, de dormir, etc.) que se deberán corregir progresivamente.
- Inseguridad, miedos, temor o rechazo a algún miembro de la familia. El niño evita hablar de su procedencia. Si es de otro país puede que rechace objetos o personas que le recuerden su origen.
- Necesidad de estar constantemente con los padres adoptivos, conductas para llamar la atención de los padres (aunque sea para que lo riñan). Es frecuente que ponga a prueba constantemente a sus padres en un juego sutil que puede adoptar desde la forma de muestras de afecto incondicional a una trasgresión de los límites.

- Dificultades para integrarse en entornos institucionalizados (la escuela, etc.).
- Pesadillas y terrores nocturnos acompañados en ocasiones de gritos, y en ocasiones el niño se despierta llamando a los padres.
- En algunos niños pueden producirse episodios de enuresis y encopresis[9].
- A nivel conductual es muy frecuente la hiperactividad, la impulsividad y el déficit atencional. Pueden surgir, puntualmente, conductas agresivas dirigidas contra otros o hacia él mismo (rabietas, gritos, mordiscos, etc.).
- Baja tolerancia a la frustración y poca autoestima.
- Necesidad de acaparar o coleccionar objetos. Olvidos frecuentes, dudas ante ciertas situaciones. No sabe exactamente qué se espera de él en determinadas situaciones sociales.
- Finalmente, apuntar que los niños adoptados con 2 o más años de edad, y que no recibieron suficiente atención afectiva, pueden aparecer estereotipias, balanceos e irritabilidad.

Trastornos asociados más frecuentes

Trastornos de vinculación

La falta de vinculación temprana determina una falta de seguridad emocional. Esto puede traducirse, según el caso, en una forma

---

9 Es el paso voluntario o involuntario de heces en un niño que ha sido entrenado para usar el inodoro (normalmente de más de 4 años), lo cual causa el manchado de sus ropas. La encopresis se asocia frecuentemente con el estreñimiento y con la retención fecal. El escape de las heces puede ocurrir durante el día o la noche y rara vez hay causas físicas diferentes al estreñimiento (algunas veces presente desde la lactancia). Cualquiera que sea la causa, el niño puede llegar a desarrollar un sentimiento de vergüenza, culpabilidad o pérdida de autoestima conexos y puede intentar ocultar el descubrimiento del problema.

de afectividad exagerada, indiscriminada, expresada hacia cualquier persona pero sin conciencia del peligro que puede suponer.

En su otra vertiente se manifiesta con una respuesta afectiva pasiva, depresiva, incapaz de establecer vínculos adecuados con las personas de referencia. Al mismo tiempo pueden aparecer conductas agresivas.

Problemas de aprendizaje

Algunos niños no han recibido una estimulación adecuada en etapas importantes para el aprendizaje. Ello determina que su capacidad de aprendizaje puede haberse visto limitada (aunque recuperable con una estimulación adecuada). En este colectivo es frecuente el retraso en la adquisición del lenguaje y problemas en la lectoescritura.

Trastornos de la conducta

Es muy habitual el diagnóstico y la presencia de la sintomatología TDAH (Trastorno por Déficit de Atención e Hiperactividad).

Evidentemente, en estos casos los síntomas no estarán tan vinculados a un perfil neurológico sino que obedecerán a causas básicamente de tipo emocional y reactivo, si bien pueden darse componentes de ambas partes, lo que acentuaría el problema. Ahora bien, en el capítulo «Conductas llamadas problemáticas» hablaremos más en profundidad de este problema. También podemos encontrarnos con conductas desobedientes, desafiantes y/o agresivas, que también detallamos en el mismo capítulo.

Reacciones habituales parentales

Los padres, en ciertos momentos, pueden sentirse desorientados y superados por reacciones y conductas que no acaban de entender. La mayoría de estas conductas deben ser entendidas en clave emocional. He expuesto ya que una de las características de los hijos adoptados es la de poner a prueba constantemente el amor incondicional de sus padres. Ello pueden hacerlo mediante la trasgresión de los límites establecidos por la familia y creando desasosiego o frustración en los padres. Ante esto surgen las dudas y las preocupaciones. Algunos de estos problemas son:

- **Desorientación.** Se pone en duda la propia capacidad para controlar la situación y si los métodos son los adecuados. Pueden aparecer discrepancias entre la pareja o recriminaciones mutuas tratando de encontrar la mejor solución.
- **Culpabilidad.** Algunos padres sienten un gran remordimiento cuando castigan al niño. Igualmente se presentan dudas acerca de la intensidad o frecuencia del castigo que es necesario aplicar.
- **Desbordamiento.** Se describen habitualmente sentimientos de desesperanza y cansancio en torno a dos factores fundamentales y estrechamente asociados. El primero es de tipo emocional y se manifiesta por la necesidad constante del niño de contacto físico, de recibir muestras de cariño, de asegurar, en definitiva, una proximidad emocional para fortalecer su propia seguridad. El segundo factor hace referencia a aspectos conductuales medicalizados y de difícil manejo sin ayuda, porque interfiere en diversas áreas de sociabilización del propio niño, como pueden ser la hiperactividad, el déficit de atención, la impulsividad, rabietas, baja tolerancia a la frustración, problemas de relación con hermanos (si es el caso), etc.
- **Problemas en la pareja.** Como consecuencia de los factores antes descritos, la pareja puede ver alterada significativamente su vida cotidiana y ver frustradas en cierto sentido sus expectativas en cuanto a la adopción. Normalmente, con el asesoramiento adecua-

do, consensuado estrategias comunes y siendo capaces de entender en clave emocional a estos niños, las cosas mejoran sustancialmente.

Orientaciones generales para los padres

Teniendo en cuenta todos estos factores, a continuación expongo algunas pautas generales para ayudar a los padres a comprender, regular y normalizar las conductas o emociones que son susceptibles de mejorar en el seno familiar.

- Muchas de las conductas del niño debemos entenderlas en clave emocional. Por tanto, su corrección no solo pasa por modificar las conductas externas que se manifiestan sino también trabajar su origen de base emocional. Preguntarnos: ¿qué nos está expresando el niño?, ¿qué nos pide realmente?, ¿qué le desorienta o provoca miedo?
- El niño y la familia necesitarán un tiempo para adaptarse mutuamente. Los contratiempos y dificultades forman parte de un proceso natural que irá mejorando si conocemos las características del niño y su forma de actuar.
- Debemos ser claros en el establecimiento de los límites y en el cumplimiento de los castigos cuando los establecemos, pero, del mismo modo, sabremos dar un soporte afectivo real dedicándoles el tiempo necesario y premios reafirmadores de sus éxitos o logros.
- Ante conductas disruptivas (rabietas, desobediencia, etc.) podemos aplicar los métodos tradicionales de modificación de la conducta como el tiempo fuera o el coste de la respuesta (retirada de algún privilegio como jugar a la consola o ver la televisión). No obstante, es importante tener en cuenta algunos detalles en su aplicación dentro de este colectivo:

– Ante episodios disruptivos, no alzar la voz, no mostrarse excesivamente nervioso, ya que podría suponer un empeoramiento de las cosas. Tampoco intentar razonar nada con el niño en ese momento. Hay que limitarse a retirar al niño del escenario (cuando sea posible) o retirarse los padres dejándolo temporalmente solo (un minuto por año del niño máximo) o sentándose a su lado, aunque sea en el suelo, sin tocarle ni decirle nada, aceptando su acercamiento progresivo. Cuando se haya calmado le acariciaremos y cambiaremos de actividad, sin reproches ni reflexiones: estará demasiado cansado y no escuchará.

– Tenemos que hacerle saber que estamos enfadados o molestos con su comportamiento (no con él) y que eso nos pone tristes, pero sin chantaje emocional. De lo que se trata es de marcar una distancia física y emocional de forma momentánea con el niño. La idea es que si lo que quiere es llamar nuestra atención o ponernos a prueba, no lo va a conseguir por esos medios y deberá corregirlos. El niño irá aprendiendo e interiorizando estos patrones, aunque puede llevarle algún tiempo. Muchas de estas conductas obedecen a mecanismos inconscientes y fuera del control voluntario del niño (principio de benevolencia).

– Los razonamientos acerca de sus emociones y conductas deben siempre hacerse en frío, en momentos tranquilos. Con los más pequeños nos ayudará contarles cuentos que escenifiquen situaciones parecidas a las que intentamos educar.

Potenciar una buena vinculación

Es importante establecer con el niño unos canales comunicativos eficaces, tener una buena vinculación. En este sentido es importante:

- **Saber escuchar.** Tomar en serio cada pregunta y ofrecerle una respuesta clara y entendible a su edad. Podemos ayudarnos de ejemplos con personas o situaciones que el niño conoce y le resultan familiares.
- **Aprender a expresar emociones y sentimientos.** Es muy importante fomentar la expresión y comunicación de emociones. A medida que el niño es capaz de verbalizar sus sentimientos reduciremos miedos, aumentaremos su autoestima y disminuirán las conductas desadaptadas. Una forma de hacerlo es creando espacios dedicados a hablar de ellos.
- **Decir la verdad. Explicar su origen.** Los niños adoptados con solo meses de vida no tendrán recuerdos del pasado y a partir de los 3 años y dependiendo del grado de madurez del niño es posible que empiecen a hacer preguntas. Debemos evitar el riesgo de que les llegue información por otras vías, en especial justo cuando comiencen a ir al colegio; por tanto, deberemos explicarle al niño su origen. Esto debe hacerse progresivamente, con mucha naturalidad, evitando los detalles dolorosos. Es muy importante transmitirle que él siempre fue muy deseado y, aunque creció en otra tripa, sus padres actuales ya lo estaban esperando para ser todos felices. En todo caso se recomienda que la revelación de la adopción se haga antes de los 6 años.

Para los niños provenientes de otras culturas o países es necesario ir trabajando un recuerdo positivo, en especial con niños de más de 7 años. Se trata de integrar con respeto a su pasado sus orígenes y su presente. Esto puede ayudarle a formar una personalidad más estable y segura.

CAPÍTULO 11
CONDUCTAS LLAMADAS PROBLEMÁTICAS

Las tres reglas de oro de la educación negativa son: soborno, amenazas y chantaje. Todos sabemos que ni el soborno, ni las promesas de premios ni las amenazas con castigos o el chantaje son métodos adecuados para educar. El hecho de retirar algún premio o cualquier otra consecuencia positiva sí es un método adecuado, reconocemos que hemos de hacerlo de otra forma, pero la pregunta es siempre la misma: ¿cómo pueden educar los padres, maestros y profesores de forma no autoritaria, pero sin consentir, sin convertir al niño primero en un pequeño tirano y después en un gran dictador?

Desde el punto de vista psicopedagógico, nuestra educación ha fallado en principios esenciales, pero hemos de ser justos con nuestra historia. Nuestros padres y abuelos crecieron en situaciones precarias en un país que se reconstruía de una guerra y que estaba rodeado por países que participaban en una guerra mundial. La mano férrea que castigaba por ser disidente de las ideas de las clases gobernantes, vecinos y hermanos que se denunciaban por envidias (las mejores tierras, el hijo más guapo o inteligente, la mujer más bonita...) y una religión que culpabilizaba, que predicaba el «valle de lágrimas», crearon unos padres con unas creencias basadas en lo negativo y en el miedo.

Los adultos que nos rodeaban entonces se pasaban todo el tiempo preocupándose. Los motivos eran lo de menos, cualquier situación era una buena excusa para temer lo peor y sufrir. Estaban siempre en alerta previniéndonos y avisándonos de todos los peligros reales e imaginarios que se les pudieran ocurrir.

Temían nuestras enfermedades infantiles, cuando estas lógicamente forman parte del crecimiento, transmitiéndonos miedo a la enfermedad, sometiéndonos a veces a pruebas innecesarias que los médicos realizaban para tranquilizarlos, o a operaciones preventivas (como la extirpación de las amígdalas) para evitar males mayores. Sufrían si éramos movidos o si éramos muy quietos, temían que fuéramos egoístas si no compartíamos o que fuéramos demasiado generosos si lo prestábamos todo; si salíamos poco con los amigos o si por el contrario nos gustaba estar todo el día en la calle. Nos reñían por hablar por teléfono o nos interrogaban por lo que nos ocurría si no nos llamaban los amigos. Se enfadaban si pedíamos; nos solían decir: «Te ha hecho la boca un fraile, siempre pidiendo», o nos interrogaban por nuestro estado de ánimo inquisitorialmente si no nos atrevíamos a pedir nada...

Había que hacer realidad que la vida era un «valle de lágrimas». Este tipo de educación enseñó a los niños a estar en alerta ante cualquier situación que se pudiera convertir en enfado, pena o disgusto.

Nuestros mayores habían crecido sufriendo y nos enseñaron que la vida era sufrimiento. Ellos solo prestaban atenciones cuando la enfermedad aparecía, las madres tenían demasiado trabajo, cocinar, limpiar, lavar la ropa (la lavadora automática llegó en los años 60), cualquier tarea ocupaba demasiadas horas, así que solo se le dedicaba tiempo y atenciones especiales al niño que enfermaba.

La educación que transmitimos hoy en día (somos consecuencia de la educación recibida, tanto por imitación como por oposición) sigue funcionando al contrario de lo deseable, les sensibilizamos hacia lo que les puede producir inseguridad, intranquilidad y desconfianza, así como una baja autoestima; insistimos en lo que hacen mal, en lo que no nos gusta en ellos, en lugar de sensibilizarlos hacia lo positivo, lo que les da seguridad, confianza en sí mismos, y no les recalcamos lo que hacen bien, mostrándoles sus cualidades.

A nivel familiar hemos potenciado:

- La inseguridad, en lugar del refuerzo, de la autoestima.
- El tener, en lugar del ser.
- El egoísmo, en lugar de la generosidad.
- El aislamiento, en lugar de la empatía.
- El individualismo, en lugar del equipo.
- La hipocresía, en lugar de la transparencia.

A nivel social hemos potenciado:

- El consumismo sobre el consumo sostenible.
- La intolerancia sobre la flexibilidad.
- La estrechez mental sobre las mentes abiertas, innovadoras.
- El dogmatismo en lugar del respeto por la inteligencia.
- El conformismo en lugar del afán de superación.
- El estrés por encima de la salud.

La buena noticia es que todo este fiasco fue y es educado, así que lo aconsejable es que busquemos las creencias que nos provocan dolor y las reeduquemos, para así reeducar a nuestros hijos.

Los trastornos de la conducta en la infancia y la adolescencia desde la ciencia de la psiquiatría

Estamos asistiendo a una creciente patologización (y evidentemente medicalización) de actitudes y aspectos de la vida que hace años no eran ni de largo entidades médicas o patológicas.

Todos hemos oído las gamberradas y las actividades que desarrollaban antaño algunos niños. Los propios niños que hoy son adultos y que nos recuerdan sus travesuras, hoy en día serían diagnosticados hiperactivos, pero esos mismos adultos son personas sin ningún problema adaptativo, ni recuerdan haberlo tenido. Lo que sí recuerdan son las broncas por sus gamberradas.

Nuestra sociedad ha ido evolucionando y con ello etiquetándolo todo, exigiéndole a la ciencia que dé respuesta a todas sus necesidades. De ese modo hemos ido depositando nuestros miedos y responsabilidades sobre nuestro cuerpo y actos a la medicina y a los laboratorios farmacéuticos.

La visión psiquiátrica (DSM-V) considera la conducta mal adaptada como un trastorno, nos hace sentir impotentes y descargados de responsabilidad (a veces culpa) como educadores y nos obliga a buscar ayuda en especialistas de la salud mental. Ver la conducta perturbadora como el resultado de una educación equivocada y no como una psicopatología nos responsabiliza frente al niño y a la sociedad como padres o educadores (profesores, monitores, maestros), pero también nos permite intervenir directamente y revisar los errores como adultos que están en relación directa con el niño.

Descartar problemas

Cuando un hijo se porta mal, los padres tenemos que plantearnos qué motivos tiene para hacerlo y si las bases mínimas de alimentación, comunicación, ambiente y sueño están bien cubiertas. Si no encontramos qué es lo que lleva a portarse mal al niño, observaremos los siguientes problemas para poder descartarlos:

- Quiere fastidiar porque está enfadado y pasa factura (vengativo).

- No ha entendido lo que queremos que haga, no conoce cuáles son las normas, se ha desorientado con instrucciones distintas de los padres.
- Puede estar pasando por una etapa rebelde de desarrollo y necesita llevarnos la contraria. Puede tratarse de:
  1. La primera individuación (de los 2 a los 4 años).
  2. La primera adolescencia y pubertad (de los 12 a los 15 años).
- Intenta llamar la atención. Puede ser por:
  1. Baja autoestima.
  2. Celos.
  3. Problemas de adaptación social: siempre tiene problemas con los amigos o no tiene amigos.
  4. Personalidad difícil: es un niño con dificultades de adaptación, muy sensible (hipersensible) o con personalidad negativista (su palabra preferida es «no»).
  5. Problemas escolares: dislexia; es superdotado (ahora altas capacidades); le cuesta estudiar; trastorno de déficit de atención con o sin hiperactividad (el famoso TDA o TDAH).
  6. Si no corresponde el problema a ninguno de los puntos anteriores, puede ser que padezca un trastorno disocial o negativista-desafiante, y en estos casos además de asumir nuestra responsabilidad como educadores deberemos consultar con un profesional de la psicología.

El DSM-IV y su última versión DSM-V, manual de diagnóstico y estadística de los trastornos mentales, identifican como trastornos de conducta en la infancia el TDA o el TDAH, el trastorno disocial y el trastorno negativista-desafiante.

Trastorno negativista-desafiante

El DSM-IV define el trastorno negativista-desafiante como un patrón recurrente de comportamiento negativista, desafiante, desobediente y hostil dirigido a las figuras de autoridad y que debe persistir (para ser diagnosticado como tal) al menos durante seis meses.

Suele presentarse antes de los ocho años y muchas veces va unido a un trastorno de hiperactividad. El niño se muestra colérico, discute con los adultos, molesta deliberadamente a los demás, es rencoroso y vengativo, y culpa siempre a los demás de su mal comportamiento.

Se trata de un trastorno más frecuente en familias desestructuradas y cuando uno de los progenitores también ha manifestado problemas de conducta o de otros trastornos mentales.

El diagnóstico lo ha de hacer un especialista de la salud mental (psiquiatra o psicólogo clínico y de la salud) y solo cuando hay un deterioro clínicamente significativo tanto en la actividad social como en el rendimiento académico.

Trastorno disocial

El trastorno disocial es más grave que el negativista-desafiante y se presenta como un patrón persistente y repetitivo en el que se violan los derechos básicos de los demás y de las normas sociales.

El niño o adolescente puede manifestar agresiones que causan daño físico, crueldad con los animales, destrucción de la propiedad, fraudes, robos, delitos e infracciones de la ley. Podemos considerar conductas disociales menos graves las mentiras (tergiversar la verdad a conciencia) o las ausencias escolares sin justificar, y más graves y peligrosas la crueldad deliberada, robos con intimidación y/o violencia gratuita, atracos, violación, etc.

Se suele dar en personas con poca empatía y preocupación por los sentimientos de los otros. Puede empezar en la infancia y la adolescencia y como causa se siguen planteando causas genéticas y ambientales (ambas unidas) según el DSM-IV y DSM-V.

Aunque es el más grave, es también el menos frecuente y no hay que confundir este trastorno con el del «niño emperador», que debería llamarse «trastorno del niño maleducado».

> A la luz de los conocimientos actuales, podemos asumir como válida la propuesta de que toda experiencia temprana, emocionalmente significativa y con fines adaptativos, es codificada en nuestro cerebro, construye nuestra historia personal y configura nuestra personalidad...

Trastorno del vínculo

Dedicar tiempo de calidad a nuestros hijos no es un tema menor. Tiempos insuficientes o de mala calidad pueden determinar en nuestros hijos pequeños inseguridad, miedos y retraimiento.

Hablamos del trastorno del vínculo cuando se han producido rupturas traumáticas en el lazo afectivo niño-madre desde las etapas más tempranas. Las causas pueden ser múltiples: abandono, maltrato, separaciones, niños ingresados en centros de acogida y posteriormente adoptados, niños que han estado en incubadoras, etc.

La sintomatología se manifiesta desde un retraimiento extremo a conductas disruptivas que cursan con hiperactividad, déficit atencional e impulsividad, entre otros. Pero no siempre hacen falta grandes traumas para que un niño pueda desarrollar problemas de vinculación. Las largas horas de trabajo de muchos padres, los sustitutos temporales, la guardería en etapas anteriores a 2 años, no facilitan que se establezcan los tiempos y la calidad de relación que muchos niños necesitan.

La mayoría de niños que presentan alteraciones en el vínculo afectivo suelen poner a prueba constantemente el amor de sus padres y los lazos que tienen en común. Lo más paradójico es que lo hacen mediante un proceso sutil de exigencias, manipulaciones, mentiras e, incluso, utilizando comportamientos agresivos y violentos hacia las personas que quieren, y también, a veces, contra ellos mismos. Es como si necesitaran constantemente reafirmar la presencia física y la proximidad de los padres, aunque sea para que les riñan. Otros niños presentan somatizaciones frecuentes como dolores de cabeza o supuestas enfermedades para conseguir la atención de la madre. Pueden también aparecer manifestaciones verbales del tipo «nadie me quiere» o «me gustaría morirme». De hecho un trastorno del vínculo puede derivar hacia un cuadro depresivo.

Algunas veces la sintomatología se presenta de forma tardía durante el crecimiento del niño, cuando la seguridad alcanzada en su momento se pierde debido a algún hecho que irrumpe bruscamente en la vida del niño, como una enfermedad de la madre, separación de los padres, pérdida de alguno de los padres, cambios repentinos de residencia, etc.

Cada niño es diferente y por lo tanto tendrá que analizar con cuidado su propia historia y sentimientos, así como otros factores de riesgo presentes.

Como trastorno clínico, la característica esencial del trastorno reactivo de la vinculación (según DSM-IV) es una relación social que, en la mayor parte de los contextos, se manifiesta marcadamente alterada e inapropiada para el nivel de desarrollo del sujeto y que se inicia antes de los 5 años de edad. Se diferencian dos subtipos:

- **Tipo inhibido.** La alteración dominante de la relación social reside en la incapacidad persistente para iniciar la mayor parte de las relaciones sociales y responder a ellas de modo adecuado al nivel de desarrollo del sujeto.

- **Tipo desinhibido.** Cuando la alteración dominante de la relación social consiste en una sociabilidad indiscriminada o una ausencia de selectividad en la elección de figuras de vinculación. Por definición, el trastorno se asocia a una crianza claramente patológica que puede adoptar la forma de desatención persistente de las necesidades emocionales básicas del niño relativas al bienestar, al afecto y a la estimulación.

Siguiendo la descripción del DSM-IV, algunas situaciones (por ejemplo, la hospitalización prolongada del niño, una pobreza extrema o inexperiencia de los padres) predisponen a la práctica de una crianza patológica. No obstante, una crianza claramente patológica no siempre determina el desarrollo de un trastorno reactivo de la vinculación; algunos niños establecen relaciones sociales y vínculos estables incluso en situaciones de abandono o maltrato relevantes. Para su diagnóstico es preciso también descartar a nivel clínico la presencia de otros trastornos como el retraso mental o trastornos del espectro autista.

El trastorno más frecuente y que en las últimas décadas se ha convertido en una auténtica moda que justifica tanto las carencias educacionales (falta de límites y autocontrol) paternales como escolares es el TDA y el TDAH.

Trastorno de déficit de atención sin o con hiperactividad (TDA/TDAH)

Los trastornos de déficit de atención son los más conocidos y los más frecuentes. Muchos padres están preocupados y no dejan de preguntarse si realmente su hijo padece este problema.

El nivel de actividad suele ser diferente en cada niño, incluso entre hermanos; los hay muy tranquilos que juegan solos, pero hay otros que reclaman la atención constantemente, pasando de una actividad a otra y manteniendo a los padres permanentemente ocupados, agotándolos, lo que crea en ellos dudas de si su hijo padece hiperactividad.

No todos los niños activos son hiperactivos. Para poder hacer un diagnóstico de hiperactividad, debe haber básicamente un trastorno de «déficit de atención», fenómeno que es la base de la hiperactividad y solo un psicólogo, un psicopedagogo o un pediatra puede establecer dicho diagnóstico, y en ningún caso puede hacerse antes de los 5 años de edad.

Los síntomas predominantes son hiperactividad (por ejemplo, no pueden ver una película de dibujos animados completa), impulsividad y sobre todo déficit de atención (no es fácil captar y retener su atención el tiempo suficiente para que aprenda o entienda algo).

Si se ha podido realizar un diagnóstico claro de TDAH, se insiste en que es necesario un tratamiento farmacológico, pero sobre todo son imprescindibles un seguimiento psicológico y una educación pautada.

Últimamente han aparecido conflictos con dicho trastorno, que es ya casi una epidemia en los centros escolares. Siete meses antes de morir, el famoso psiquiatra estadounidense Leon Eisenberg, que descubrió el trastorno de déficit de atención e hiperactividad (TDAH), afirmó que se trata de «un ejemplo de enfermedad ficticia». Esta afirmación fue publicada por el semanario alemán *Der Spiegel*[10] en el año 2013.

---

10 En los años 30 del siglo pasado, los médicos que trataban a niños con un carácter inquieto y con dificultad para concentrarse les diagnosticaban el síndrome posencefálico, pese a que la mayoría de esos niños nunca había tenido encefalitis. Fue precisamente Leon Eisenberg quien en los años 60 volvió a hablar de dicho trastorno. En 1968 incluyó la enfermedad en el *Manual diagnóstico y estadístico de los trastornos mentales*. El texto completo puede leerse en: http://actualidad.rt.com/ciencias/view/95483-psiquiatra-descubrio-tdah-enfermedad-ficticia

En todos estos trastornos vemos lo difícil que es distinguir una conducta reprobable intencionada de lo que puede ser una «enfermedad».

Lo que sí parece existir es una tendencia creciente en las familias y en las escuelas a aceptar que algunas conductas que antes eran consideradas como malas ahora son patologías, y delegan sus responsabilidades educativas a los especialistas de la salud mental.

Y sobre todo hemos de considerar que ninguna de las «etiquetas» que confieren los trastornos antes citados se han de utilizar para disculpar las travesuras o gamberradas del niño.

Los problemas psicoorgánicos y los psicosociales

Los niños difíciles, problemáticos, suelen ser niños con problemas de conducta (con o sin diagnóstico), además de que en muchos casos presentan problemas de aprendizaje y de rendimiento escolar. Estos pueden ser debidos a sus conductas inadecuadas, hace de payaso en clase y por lo tanto no presta atención y pierde el hilo de la materia enseñada; pero también pueden ser los problemas de conducta del niño una consecuencia de dificultades orgánicas como resultado de la frustración de un niño con dislexia o con dificultades de lectoescritura que ve cómo a los demás todo les resulta más fácil, y se vuelve agresivo o negativo.

Problemática psicoorgánica

Un niño afectado por una minusvalía física o sensorial (niños con déficit auditivo no corregido, graduaciones elevadas de la vista, silla de ruedas, etc.) puede verse inferior a los demás y reaccionar generando conductas compensatorias para llamar la atención. El mismo efecto puede provocar una enfermedad médica crónica (como diabetes, asma o una alergia grave) o tener una salud frágil que le obliga a faltar mucho a la escuela y que no le permite seguir el ritmo educativo ni integrarse en un grupo de amigos.

El resultado de todo esto puede ser en orden de menor a mayor: dificultades de conducta, como necesidad de llamar la atención; dificultades de disciplina, como negarse a obedecer; problemas de aprendizaje y agresividad.

Las críticas, el rechazo y las burlas de compañeros poco tolerantes a las dificultades del niño-compañero pueden contribuir a empeorar la situación, provocando un agudo sentimiento de inferioridad en el niño, que puede compensar con tendencias a retraerse (huir) o a sobrecompensar el sentimiento de inferioridad volviéndose resignado y pasivo (indefensión aprendida), o bien agresivo, negativista y/o hostil (luchar).

Otras estrategias compensatorias pueden ser: hacer el payaso, exagerar sus problemas y exigir que estos sean solucionados al instante por los adultos.

Si no se conduce correctamente en la adolescencia, la escalada del problema puede llegar a convertirse en una psicopatología, como la ansiedad generalizada, la fobia escolar o fobia social, una depresión, síntomas psicosomáticos, obsesiones con compulsividad (TOC), agresividad y violencia, abuso de sustancias y delincuencia e incluso intentos de suicidio.

Problemática psicosocial

A veces nos encontramos tanto con los estilos educativos paternales erróneos como con el entorno desfavorable en el que se puede encontrar la propia familia, con todo un abanico de posibles factores, problemas económicos a situaciones extremas de pobreza, negligencias paternales, malos tratos físicos o psíquicos, toxicomanías, delincuencia, psicopatologías y marginación.

Cada una de estas posibles situaciones tiene incidencias importantes en la conducta del niño; cuantos más factores disfuncionales se unen, más probable y grave es la aparición de problemas.

Un niño que crece en un ambiente marginal con un padre drogodependiente que maltrata a su esposa e hijos, tiene más riesgo de presentar problemas importantes de conducta que uno educado por unos padres afectuosos y en situación socioeconómica estable.

El hijo de una madre maltratada puede culparla por haber consentido que el padre la pegue, al tiempo que él se convierte de adulto en un maltratador; su hermana puede odiar al padre y con ello a todos los hombres, con lo que aparecerán graves problemas en sus relaciones cuando se convierta en una mujer adulta. Otro de los hijos, aunque de la misma familia, de adulto puede ser un miembro de una ONG, o policía o bombero o asistente social, para luchar contra las injusticias sociales, y otro convertirse en delincuente. Esto es debido a que el niño también toma posiciones, decisiones delante de los hechos que ha vivido y escoge implícitamente su propia interpretación de los mismos.

Esta elección no es consciente y forma parte de la fuerza creativa que tenemos los seres humanos, de su capacidad de resiliencia, que es la capacidad que tiene el individuo de sobreponerse a las tragedias, los traumas y los contratiempos, convirtiéndose en una persona normal y feliz.

Una asociación muy interesante es la existencia entre las alergias alimentarias y el comportamiento. Muchos niños diagnosticados como «difíciles» tienen alergia a la leche. El mal comportamiento es uno de los marcadores del diagnóstico de la celiaquía (intolerancia al gluten).

También se ha observado una relación entre berrinches o pataletas con una alimentación con un alto contenido en azúcares o aditivos artificiales. Después de merendar un bollo de pastelería industrial, el niño tiene un arrebato o una pataleta sin venir a cuento.

Alimentación y sueño, las necesidades básicas

Las hormonas responsables de la estabilidad emocional se regulan durante el sueño; las vitaminas, minerales y aminoácidos que se necesitan para mantener el equilibrio emocional se obtienen a través de una correcta alimentación.

Las necesidades básicas son importantes, es necesario respetar sus ritmos de sueño y alimentación, cuidar que sean las que el niño necesita para que cada mañana comience el día con un buen estado emocional.

Buena comunicación

La coherencia es la base de la comunicación, hay que saber qué vamos a decir y saber que lo cumpliremos. Coherencia es hacer y decir lo mismo, es cumplir con la palabra dada.

Si no vamos a cumplir un premio o un castigo (una amenaza), es mejor que nos callemos, porque perderemos toda credibilidad. Los niños que llevan a sus padres al límite saben que juegan con ventaja, sus padres no han cumplido nunca sus amenazas o no las mantienen el tiempo suficiente.

Las reglas básicas y mínimas para una buena comunicación son:

- Ser coherentes.
- Generar contacto físico y visual.
- Tener uniformidad de criterio.
- Establecer distancias jerárquicas (yo tengo la responsabilidad, yo dirijo).
- Fomentar el respeto (bidireccional).
- Credibilidad (cumplir lo pactado).

- Alabanzas y reconocimiento (admirar, ensalzar y agradecer al niño cuando se porta bien o se muestra colaborador o generoso).

Practicar el buen ambiente familiar

Reír cinco minutos al día hace que trabajen más de cuatrocientos músculos y que el sistema endocrino ordene al cerebro la secreción de endorfinas que ayudan a paliar las sensaciones negativas.

Reír también favorece la producción de adrenalina, hormona responsable de la creatividad, la imaginación y la rapidez mental (estado de alerta); de la dopamina, que facilita la agilidad mental (favorece la memoria), y por último la más importante de todas, la serotonina, que calma la ansiedad, las conductas compulsivas e impide la aparición de la melancolía (depresión).

Hacer reír a los niños y a los adolescentes no es muy difícil, nunca son demasiado mayores para reír; aunque el niño te pase un palmo, juega y pierde la compostura. Las cosquillas son infalibles; también lo es una lucha de almohadas. Con el tiempo estas cosas surgen de forma natural, en momentos de complicidad y de confidencias.

Conclusiones

Los niños se portan mal cuando:

- Están cansados o tienen hambre.
- Perciben estrés o nerviosismo en el ambiente.
- Se quieren ir a su casa.

- Estamos de visita y presionamos al niño para que se porte bien.
- Tenemos prisa.
- Estamos en la sala de espera del médico, del abogado…
- Vamos de compras.
- Improvisamos.
- Estamos juntos papá y mamá o con alguno de los hermanos, es una combinación explosiva, se portan peor que cuando están a solas con uno de los progenitores.

Si tratas a un individuo como si fuera lo que debe y puede ser, se convertirá en lo que debe y puede ser.

GOETHE

CAPÍTULO 12

AFRONTAR LAS ACTITUDES PERTURBADORAS

Un niño adaptado, en el sentido positivo de la palabra, es un niño que aunque suele hacer lo que los adultos le dicen se rebela alguna vez y puede mostrar ocasionalmente llamadas de atención o luchas de poder, pero que pocas veces busca venganzas o victimismos. No es modélico, pero respeta los derechos de los otros, colabora, muestra interés por las personas y por las actividades.

Los padres, los maestros, los abuelos y los educadores pueden reconocer fácilmente el objetivo del niño cuando analizan la emoción que la conducta perturbadora del niño les produce a ellos. Si el adulto se siente molesto, el niño busca atención; si el educador se siente provocado, busca superioridad; si se siente herido o humillado, busca venganza; y si se siente desesperado o indiferente estamos delante de un víctima.

Una vez identificados los sentimientos del adulto hacia el niño y el objetivo de este, analizaremos las soluciones que hay que corregir y las alternativas que podemos poner en marcha.

Juan Carlos (de 6 años) se muestra muy celoso de su hermano Xavier (de 4 años). Todo lo que tiene Xavier lo quiere Juan Carlos; lo que hace uno lo quiere hacer el otro. Juan Carlos quiere ser el primero en todo, el primero en salir de casa y el primero en entrar al ascensor, el primero en recibir la comida. Se queja constantemente de que mamá presta más atención a Xavier, aunque la madre cuenta lo contrario, Juan Carlos reclama tanta atención que ella está más pendiente de él que del pequeño. Cuando no es posible o no consigue que su madre se ocupe de él hace unas grandes pataletas, llora, grita, se tira al suelo y esto puede durar una interminable media hora. Pero curiosamente delante del padre Juan Carlos jamás muestra estas conductas.

En los siguientes apartados analizaremos lo que ocurre, tanto en este caso como en otros, según sea el comportamiento del niño.

Objetivo 1: llamada de atención

Sentimientos que se generan en padres o educadores

Tomando como ejemplo el caso anterior, la madre, cuando Juan Carlos realiza este repertorio de conductas, se siente frustrada, cansada y estresada. Al trabajar fuera de casa ella se siente culpable de los celos de su hijo mayor. Piensa que si estuviera más con sus hijos, y especialmente con Juan Carlos, esto no pasaría.

Necesidad imperativa de amor del niño/hijo

Como niño, busca y necesita atención pero no ha comprendido que a medida que va creciendo debe ir realizando cosas solo y compartir la energía (atención) de los padres con su hermano o sus hermanos. Ha aprendido a «mostrar» un comportamiento celoso para obtener más atención por parte de su madre. Inconscientemente, ha captado el sentimiento de culpa de la madre cuando él muestra su repertorio de celos y los utiliza para sentirse querido.

Al no tener su padre este sentimiento (debilidad), Juan Carlos sabe que no tiene ningún sentido hacérselo a su padre, ya que no le servirá de nada.

Respuestas habituales a las luchas de poder

La madre intenta compensarlo dedicándole mucha atención, jugando y cambiando de actividad siempre que él se lo pide. El padre cree que se ha de «incentivar» a Juan Carlos y lo premia cuando se porta bien. Cuando Juan Carlos hace una de sus rabietas, la madre se siente frustrada y llena de dudas sobre si lo hace bien como madre.

Nuevas estrategias, finalizar la lucha, consecución de amor

La madre debería pensar que menos es más. El error que mantiene la farsa de poder es sucumbir a sus demandas y prestarle demasiada atención. Está bien jugar con él y dedicarle tiempo, pero cuando les vaya bien a los dos: madre e hijo. Por ejemplo, no debe retrasar la cena de los niños (perjudica al otro hijo) porque él quiera seguir jugando o tenga una rabieta.

Ha de marcar límites claros, por ejemplo dedicar una hora de juego a la misma hora todos los días con él; Juan Carlos podrá escoger qué quiere hacer, a qué quiere jugar, pero cuando haya pasado el tiempo, tendrá que hacer otra cosa, por ejemplo la cena o el baño de los niños, y no ha de ceder a la demanda de Juan Carlos de prolongar los juegos (actitud de mantenerse firme). Puede decirle: «Puedes continuar jugando tu solo o si lo prefieres me ayudas a preparar la cena» (actitud de animar y estrategia de desviar la conducta hacia un nuevo interés).

Evidentemente, los dos primeros días, Juan Carlos no aceptaba la decisión de su madre. Se recomendó a la madre la estrategia de retirarse del radio de acción del niño, cerrar la puerta de la cocina para que viera que no se sentía culpable. Los ataques de cólera fueron monumentales, pegó patadas a una puerta y destrozó un juguete, pero al ver que no conseguía nada, al tercer día fue a la cocina y en tono normal preguntó: «¿Puedo ayudarte?». La madre se mostró feliz y juntos prepararon la cena.

El niño sigue demandando a mamá, tiene solo 6 años y está en su derecho, pero ahora lo hace de una forma positiva, ayuda a su madre, preparan la cena, y eso fomenta su autoimagen y con el tiempo su autoestima. Hemos roto con una farsa de llamada de atención.

Objetivo 1	Llamada de atención
Sentimiento del educador	Molesto y estresado
Pensamiento del niño/a	Solo siento que valgo si me hacen caso
Viejas conductas	Llamadas de atención, persuasión y críticas
Nuevas conductas	Apartarse del radio de acción del niño
	Sorprenderle, prestarle atención cuando se porta bien y no al revés

Las luchas de poder (complejo de superioridad) son el resultado de llamadas de atención no corregidas durante mucho tiempo. Pasa a una escalada en la búsqueda de atención, va creciendo y al entrar en la adolescencia ya no tiene suficiente con mantener a los padres o maestros pendientes de él, descubre que la provocación es una forma más eficaz de dominar a los adultos.

Si los adultos que le rodean tienen tendencia a ceder por comodidad, por evitar escándalos, por lo que dirán los vecinos o por miedo, y se sale siempre con la suya, le reafirmamos en la tendencia de utilizar a menudo este tipo de conductas.

La demostración de poder puede producirse haciendo alguna cosa que el padre o el profesor no quiere que haga, o bien (el que es más utilizado porque es más fácil) negarse a hacer algo que el padre, madre o profesor quiere que haga.

Los adolescentes que tienen maestría en este tipo de conductas reciben el diagnóstico de trastorno negativista-desafiante. Es el alumno o hijo que no sigue las instrucciones del profesor en clase y se niega a hacer o deja de hacer lo que le mandan; es el niño que con rabietas consigue que la madre le compre un helado o un juego; y es el adolescente que llega siempre tarde a casa o más tarde de la hora pactada, que se marcha a la calle con los amigos aunque lo tenía prohibido por estar castigado.

Objetivo 2: búsqueda de superioridad

Sentimientos que se generan en los padres y/o educadores

Muy enfadado, impotente y provocado, piensa que tiene que reafirmar su autoridad y que el niño/adolescente no ha de salirse con la suya. Nos despierta al intimidador que llevamos dentro.

Necesidad imperativa de amor del niño/hijo

Está buscando compensar una sensación muy acusada de inferioridad, intenta demostrar que es importante, que puede dominar la situación y que nadie le puede dominar a él.

Respuestas habituales a las luchas de poder

En estas situaciones la persuasión no sirve, entonces los adultos pasan a la regañina, la crítica y finalmente al castigo psicológico o físico, desencadenándose una lucha feroz por el poder.

Si gana el hijo o el alumno, el adulto tiene sensación de fracaso como educador, pero a veces les resulta a los padres más cómodo ceder que imponerse; a las doce de la noche de un miércoles se puede entrar en guerra porque el niño se ha largado dando un portazo a la hora de la merienda para demostrarnos que no cumpliría nuestro castigo. Es muy descorazonador, y cedemos, no le decimos nada cuando por fin le vemos aparecer por la puerta a medianoche.

Si gana la batalla el padre o el profesor, el niño/adolescente se siente humillado, fracasado y con rabia, cede momentáneamente delante de la fuerza moral o física del adulto, pero se ha realizado una tegua porque la guerra no ha finalizado, volverá a la lucha más tarde para restablecer su «ego herido» y buscará métodos más sofisticados como la venganza para vencernos. Para que le amemos ha de demostrarnos que es «alguien», que es «mejor que nosotros», y los adultos solo le hemos enseñado la indiferencia o la humillación.

Nuevas estrategias, finalizar la lucha, consecución de amor

Un hijo que nos recuerda sus problemas nos está diciendo algo de nosotros o de los adultos con quienes tienen problemas. Buscan nuestro amor a través de los distintos tipos de «reafirmación negativa»; si lo hicieran tranquilamente y siendo «buenos», estarían haciendo lo mismo pero desde la «reafirmación positiva».

Así que sobre todo no hay que olvidar la premisa de «quiere sentirse valorado», o lo que es lo mismo, «amado». Por ello no debemos entrar en las provocaciones del niño/adolescente; no luchar; ser amable pero consecuente; no sermonear, actuar; evitar castigos y aplicar consecuencias lógicas; desviar la atención con actividades productivas; hacer algo inesperado; reestructurar la situación con connotación positiva.

Un ejemplo de hacer una cosa desesperada y reestructurar la situación con connotación positiva: el adolescente está furioso porque no lo dejamos salir de noche hasta la madrugada, tiene solo 16 años. Espera que le riñamos, que le sermoneemos, que nos enfademos, y así él se irá dando un portazo.

Cuando nos lo pide lo hace en la mesa para probar la ira del padre y la angustia de la madre. Ese día en la cena el padre (solo si se lo puede decir con respeto y convicción, sino su madre) le dice al niño que no espera que regrese antes de las 6 de la madrugada porque ellos quieren dormir tranquilos sin tener que estar pendientes de la puerta. Y como cada vez que sale ha regresado bien, sin que le haya pasado nada, les ha demostrado que sabe defenderse en la noche y que es un chico responsable. Apagarán el móvil y saldrán al cine esa noche, dejarán que él haga lo de todos los fines de semana y se divierta; ellos también volverán a vivir.

Para que desorientemos al niño hemos de mantener una actitud respetuosa, un tono de voz cordial, sin ironías ni cinismos, o el niño verá nuestra acción desesperada.

Salir hasta tan tarde forma parte de su lucha de poder, pero a esas edades los bares en los que por edad pueden entrar cierran a las doce o una de la madrugada, y el resto del tiempo tienen que estar pasando frío en plazas o portales, algo que no les gusta mucho. Si no puede «chincharnos», qué aliciente tiene sufrir. Seguramente el primer día llegará muy tarde para probarnos o tal vez se aburra y ya regrese pronto a casa, pero el segundo día vendrá tras cerrar el bar donde suela reunirse con los amigos.

Hay que felicitarle de vez en cuando por su capacidad de supervivencia y lo bien que se busca la vida, no le mencionéis nada de lo felices que sois si llega pronto (lo estropearíais).

Objetivo 2	Búsqueda de superioridad
Sentimiento del educador	Enfado, impotencia, provocado
Pensamiento del niño/a	Solo soy importante si gano y no me dominan
Viejas conductas	Amenazas, castigos, luchas, imponerse y críticas
Nuevas conductas	Rehuir la lucha, no amenazar
	Ser amable pero firme
	Hacer cosas distintas
	Cosas inesperadas
	Hacer cosas productivas con el niño

La venganza es una escalada en el sentimiento de inferioridad, el niño recurre a la maldad (es lo que los adultos le han dicho que es) para buscar el reconocimiento, es un niño desesperanzado. Es un niño que ha sido interrogado y declarado culpable muchas veces, vigilado, perseguido, no creído, que utiliza todo lo que se conoce de él en su contra. De una forma u otra los adultos de que se rodea siempre se imponen. Solo le queda una manera de sobrevivir: haciendo lo que se espera de él, que sea malo, así que ocasionalmente cometerá pequeños hurtos. Como no consigue ganar su lucha abiertamente, lo hace a escondidas, en silencio.

Los casos más graves son diagnosticados y etiquetados como trastorno disocial. Son casos como: un niño que pega en el patio del colegio a otro compañero porque ha sido castigado por el profesor; una alumna que roba algo de un compañero o profesor que siempre la humilla delante de la clase; quien graba en su móvil la escena de un grupo pegando o maltratando a un compañero y la difunde; o un niño que roba chuches en una tienda del barrio para humillar a sus padres o coge dinero del billetero de la madre para comprarse una pieza de ropa o un juego que le habían negado.

Objetivo 3: venganza

Sentimientos que se generan en los padres o educadores

Se sienten heridos y humillados por la conducta del niño, no pueden entender cómo ese «criajo» da tanta guerra y les hace eso a ellos. Piensan que el niño es malo, un psicópata o un demonio (dependiendo de las creencias). Se le desprecia y rechaza: un hijo mío no puede ser malvado.

Necesidad imperativa de amor del niño/hijo

No le queda esperanza, solo siente rechazo, desprecio y abandono, nunca gana y no obtiene energía para sentirse vivo, habitualmente los adultos siempre ganan, sobre todo a través de castigos e insultos. Solo obtiene algo de poder, solo existe algo de triunfo, ante la superioridad de haber hecho daño.

Como nadie le ayuda a ser bueno (nadie piensa que lo sea) intenta ser el más bueno (mejor) de los villanos (malos). Cuanto más hiere más poder cree que tiene sobre los demás, y solo eso hace que exista.

Respuestas habituales a las luchas de poder

En estas situaciones creadas por las actitudes de base de los propios padres, tienden a utilizar para corregir estar situaciones (los profesores también) amenazas, castigos severos y a implicar terceras personas, ya que el niño es un caso «imposible», buscando que cambien al niño con medicamentos. Si no funciona ni el psiquiatra, el colegio abandona al niño dándolo por «caso perdido», e incluso plantean enviarlo a instituciones especializadas.

Con el castigo severo, el abandono y el etiquetaje de depravado, el sentimiento de humillación es total, piensa que no sirve para nada y se abandona entrando en una espiral autodestructiva.

Como su entorno no lo quiere suele buscar compañías destructivas, personas con actitudes antisociales que lo protegen y cuidan, pudiendo caer en la delincuencia y/o abuso de sustancias.

Nuevas estrategias, finalizar la lucha, consecución de amor

Cambiar nuestro convencimiento en la maldad que domina a nuestro hijo. Y pensar cómo lo hemos acorralado para que se haya convertido en una fiera herida.

Mucha paciencia; creer en el niño y no abandonarlo más creyendo que es un caso perdido; no castigarle, aplicar consecuencias lógicas. Declaración de impotencia con posición complementaria.

Objetivo 3	Venganza
Sentimiento del educador	Humillado, herido, furioso, menospreciado, rechazado
Pensamiento del niño/a	Solo me siento bien cuando puedo hacer daño
	Cuando el otro sufre
	Tiro la piedra y escondo la mano
Viejas conductas	Castigos severos
	Humillación y vejaciones
	Acudo a especialistas, "estigmatización"
Nuevas conductas	Mucha paciencia
	Amor
	Creer en el niño
	Aplicar consecuencias lógicas, declaración de impotencia con posición complementaria

Cuando ya ha abandonado la lucha por conseguir el amor, la aceptación, el sentirse formando parte de la familia o el grupo, después de haberlo probado todo, el joven puede sumergirse en la desolación y evadirse (huir) a través del abuso de todo tipo de sustancias. En los casos más extremos (poco frecuentes) el adolescente victimista se suicida, puede que matando a otros y acusando a los adultos de su fracaso (lo hemos visto en Estados Unidos y Alemania recientemente).

No siempre llegamos al «pobre de mí» (víctima) negativo de esta forma, hay jóvenes que ya de pequeños descubren que mostrando que no son capaces de hacer bien las cosas consiguen que los otros las hagan por ellos: casos como adolescentes que se emborrachan y/o se drogan, adolescentes con relaciones sexuales prematuras sin parejas fijas o simultáneas con riesgo de enfermedades de transmisión sexual y embarazo. Adolescentes que abandonan los estudios y no quieren ponerse a trabajar (la generación *ni-ni*, como se les ha bautizado: ni estudia ni trabaja). Alumnos que no asisten y/o no trabajan en clase. Alumnos que parecen incapaces de conseguir los objetivos del curso, que cuando han de realizar trabajos (en grupo o individual) se muestran torpes y fracasan, incluso en tareas aparentemente sencillas. Niños que ante cualquier reto que piensan que no podrán asumir se hacen los enfermos para que sus padres (siempre uno de ellos lo complace) o algún hermano mayor se lo hagan o les permitan ausentarse de clase.

Objetivo 4: victimismo

Sentimientos que se generan en los padres o educadores

Está desesperado o lo considera un caso perdido y comienza a pasar del adolescente. Si se trata de un niño pequeño suele provocar pena y lástima, acompañado de un instinto de protección y ayuda.

Necesidad imperativa de amor del niño/hijo

Fracasa en sus intentos de sentirse valorado, de captar energía que le haga sentir que es válido, de tener una alta autoestima. Se ve a sí mismo un fracasado, que no vale para nada (como le hemos hecho creer unos y otros) y se abandona a sí mismo.

Piensa que si los adultos hubieran hecho las cosas por él (culpa a los adultos) habrían sido buenos padres o profesores o hermanos. Los otros tienen la culpa de su situación, y puede que se hunda, que se deprima; deja de intentar luchar por demostrar su valor y puede inhibirse o huir a través de cualquier tipo de sustancias fáciles de conseguir como el alcohol o marihuana. Piensa bastante obsesivamente en el suicidio.

Da la sensación de buscar el fracaso en la escuela y en las relaciones personales y de esta forma consigue (es la única manera) que los adultos se pongan a su servicio.

Respuestas habituales a las luchas de poder

Se le ve como un niño/adolescente fracasado o descarrilado. Los intentos de persuasión y castigos han fracasado, los padres y educadores van abandonando cualquier intento de corregir al niño o solucionar el problema.

Los padres, desmoralizados, sintiendo que han agotado los recursos (médicos, psicólogos, psiquiatras, implicación de los tutores y profesores…), aceptan su inacción y le dejan vivir sin exigirle nada, solucionándoselo todo para que haya paz en el hogar y no haga una tontería peor.

Nuevas estrategias, finalizar la lucha, consecución de amor

Darle ánimos constantemente, ayudarlo a que dé pasos pequeños, a que se atreva a realizar cosas que, aunque pequeñas, para su edad ya son un éxito; tener paciencia, más paciencia y cuando vaya a acabarse contar hasta cien y más paciencia. Creer en el niño y en sus posibilidades; recordarle una y otra vez sus cualidades; hacer una estrella amarilla y colgarla en su cuarto para que la vea; grabar música con mensajes positivos en el idioma del niño o que sepa lo que significan o simbolizan, como las canciones «Hoy puede ser un gran día», «Fama», «Mobbing», «Don't Worry be Happy»...

Objetivo 4	Victimismo
Sentimiento del educador	Desesperación
	Rechazo hacia el niño/joven
	Lástima de sí mismo
	Abandono o pena y lástima
Pensamiento del niño/a	No valgo para nada
	Es peor que descubran que soy tonto
	Los otros tienen que salvarme
	Los adultos tienen la culpa
Viejas conductas	Castigo, riñas y abandono de búsqueda de soluciones
	Pesimismo frente a su futuro
Nuevas conductas	Paciencia
	Animarle
	Apoyarle
	Alabanzas
	Confiar en él y exigirle pequeños avances, que felicitaremos y celebraremos

Cómo llevar a cabo las actitudes básicas sugeridas para una educación sin luchas de poder

1. Prestar atención, actuar y no sermonear al niño.
   – Hablar *con* el niño, no *al* niño, y escucharlo.
   – No sermonear, hay que explicar con claridad lo ocurrido o lo que no es correcto, y hacerlo brevemente.
   – Ignorar (si no pone en peligro su vida) la actitud que nos molesta y centrarnos en lo positivo que ha hecho.
   – Prestarle atención cuando la situación es la correcta y de la forma correcta (esto es marcar límites claros).
   – Desviar la atención del niño hacia algo productivo.
   – Estrategia sin comentarios.
   Ejemplo: a todos los hijos les pedimos que se laven las manos antes de sentarse a la mesa. El mensaje está claro, pero uno de ellos no lo hace, y con buena intención la madre «sermonea» al niño: «Ya sabes que tienes que lavarte las manos, has tocado cosas y estas pueden estar sucias o con bichitos que al comer pondrás en tu cuerpo y enfermarás»; «Mira, tus hermanos lo hacen, tú también». Y esto se repite una y otra vez. El niño lo ha entendido la primera vez, pero busca llamar la atención y le encanta el sermón y que se le dedique tiempo. ¡Más tiempo que a sus hermanos!
   Para dejar de sermonear ha de «confiar» que el niño ya sabe lo que debe hacer porque ya conoce la historia de los bichitos y la enfermedad.
   La madre o el padre, sin decir nada, pondrán la comida a sus otros hijos, pero al mediano no; este preguntará lógicamente por qué no tiene plato. El progenitor debe actuar sin cinismo ni ironía, con amabilidad y respeto (**estrategia de la consecuencia lógica**); él ya sabe que con las manos sucias no se puede comer, y la madre o el padre se disculpa por no poderle

poner la comida. El niño saldrá corriendo desorientado a lavarse las manos; evidentemente tendrá hambre.

Cuando regrese con las manos limpias (**estrategia sin comentarios**) le pondremos el plato en la mesa con una sonrisa o le tocaremos el pelo como una caricia pero sin decir nada. Si decimos algo lo estropeamos, ya que el niño lo ha entendido. Hablar dando una explicación le humillará, ya que nos pone en una situación de superioridad y eso es precisamente lo que hay que evitar para evitar la lucha de poder.

En los muy pequeños, en lugar del sermón estamos haciendo llamadas de atención, como canta Serrat en «Esos locos bajitos». Repetimos una y otra vez: «No hagas este ruido con el coche»; «No toques esto»; «No toques aquello»; «Deja ya de molestar». Pero el niño, igual que las moscas, vuelve una y otra vez a hacer lo mismo. Sabe perfectamente cómo y con qué llamar la atención.

Se trata de no prestar atención indebida, actuar, ignorar este tipo de conductas de forma que se preste atención a las cosas que hace bien entre medio de incordio e incordio. No hacerle caso cuando hace ruido con el coche, pero si desviamos su conducta hacia algo productivo como dibujar y le alabamos por sus dibujos prestándole atención, impediremos que siga molestando. Si es en el colegio, no le prestamos atención en los ruidos pero sí cuando hace preguntas a la profesora o le pregunta la profesora algo que ella sabe que a él le gusta y conoce, por lo que contestará bien y podremos alabarle.

2. Respetar la dignidad del niño. Es el principal principio que todos deberíamos seguir para afrontar cualquier conflicto o búsqueda de amor negativo. Se respeta de diversas maneras:
– Mostrando amabilidad, con tono agradable al hablar y evitando la comunicación paradojal (ironía, sarcasmo, cinismo) y

la crítica acusadora o vejadora, sobre todo delante de familiares, hermanos, vecinos, o en la calle o clase. Hay que rectificar sus errores de forma neutral, por ejemplo: «He visto que tu ropa sucia está en el suelo de tu cuarto», en lugar: «Otra vez, ya no sé cómo decírtelo, eres un guarro, tu ropa sucia está tirada por el suelo». O en el colegio: «¿Qué solución podemos poner para que la siguiente vez te acuerdes de hacer los deberes?», en vez de: «No aprobarás si sigues con esta actitud, serás un fracasado, ¿qué futuro te espera?».

– Estableciendo normas y respetándolas (normas adecuadas a la edad y a la realidad del niño). Por ejemplo, no se puede poner música alta a partir de ciertas horas porque puede molestar a los vecinos. Los juegos que hacen ruido mejor solo durante el día, por la noche juegos tranquilos antes de acostarse para no molestar a los vecinos, especialmente a los que viven debajo. Mantenerse firmes en el tiempo con estas normas y cumplirlas también los adultos.

Otro ejemplo: si quiero que llame a mi puerta de la habitación antes de entrar, el adulto hará lo mismo en el cuarto del niño aunque este tenga solo 4 años. Se enseña con el ejemplo a respetar a los demás. Cuando intente sacarnos de nuestras casillas hemos de recordar que con eso busca algo de nosotros, y ese algo es amor-aceptación incondicional. No luchar con él no significa someterse ni consentirlo todo.

– Exigiendo lo justo y no haciendo por el niño lo que él pueda hacer solo. No podemos esperar que un niño de 3 años juegue solo toda la mañana porque nosotros tenemos que limpiar, pero sí podemos pedirle que recoja sus juguetes con un poco de nuestra ayuda y así limpiamos su cuarto.

Otro ejemplo: a Marcel, un niño de 7 años diagnosticado de TDAH, le resulta muy difícil mantenerse sentado, se levanta constantemente, no para de moverse en la silla, interfiere en el trabajo de los otros, habla sin que sea su turno y su maestra está cada vez más tensa con él. Es muy difícil exigirle a un niño con TDAH que se mantenga quieto, que siga la clase con atención y espere su turno; ya quisiera él poderlo hacer. Habría que tener una cierta tolerancia mientras su conducta no interfiera en el trabajo de los otros niños, que ignore sus movimientos en la silla por ejemplo y le pida solo unos mínimos (exigir lo justo). Debemos buscar una forma de darle al niño la posibilidad de moverse en clase de forma legal, buscar situaciones en las que se necesite que un alumno, él en nuestro caso, haga recados. Podemos nombrarle borrador de pizarras (desviar la conducta hacia una cosa productiva).

Otra solución imaginativa me la contó una maestra que tenía una niña con este problema y me autorizó a usarle en el libro o en la consulta y seminarios. La maestra dibujaba un aspa (x) en una esquina de la pizarra como indicación de que la niña podía levantarse y dar una vuelta completa a la clase. Explicó a los otros niños que la niña debía levantarse porque tenía demasiada energía. Eso permitía que la niña se moviera, pero la conducta estaba bajo control de la maestra, y como consecuencia no esperada, la niña comenzó a prestar más atención para ver cuándo aparecía el aspa en la pizarra.

3. Evitar luchas de poder es evitar situaciones críticas.
– Evitar dar órdenes, la cooperación se tiene que ganar.
– No tener miedo a perder la autoridad, no involucrarse como si fuera algo personal.
– Hablar después con el niño/adolescente (con la cabeza fría), no durante el conflicto.
– No ser servicial, hay que tener el valor de decir «no».
– No actuar impulsivamente.
– Retirarse del radio de acción del niño.

– Hacer una cosa inesperada y reestructurar la situación con una conducta positiva.
– Declaración de impotencia con posición complementaria.

Con un adolescente rebelde (poder o venganza), la situación se puede desmadrar fácilmente. Es importantísimo no imponer nuestra voluntad a cualquier precio, tampoco usar las consecuencias lógicas, ya que se interpretarán como un castigo o una humillación.

Al comenzar o ya metidos de lleno en una lucha de poder, lo que hay que hacer es retirarse del radio de acción del joven, salir del lugar donde se produce la escena, fingir necesitar ir al baño y encerrarnos hasta conseguir calmarnos; en el aula, girarse de espaldas al alumno y escribir algo en la pizarra u ocuparse de otra actividad con la clase. Puede parecer que el niño ha ganado, pero no es así, ya que es el adulto quien se niega a luchar; si no hay enemigo no hay victoria ni derrota, la energía destructora del niño se volatiliza, se queda sin soporte.

Para que funcione, es importante que el adulto no ponga en ello interés personal o, lo que es lo mismo, que no tenga miedo de perder la autoridad.

En casa, la autoridad no se pierde si no se muestra miedo a perderla. El niño quiere mostrarnos que es alguien, si no considerara que tenemos autoridad no lucharía con nosotros. En las aulas, los compañeros están hartos de la situación y quieren que el perturbador deje de molestar. Además, ¿cómo se puede perder algo a lo que se ha renunciado de manera voluntaria?

Una maestra comentaba que un niño rebelde se había subido encima de una mesa y, desafiándola, se negaba a bajar. Ella decidió no luchar, había entendido que eso era fomentar la situación, así que decidió subirse sin más encima de su mesa y sentarse en ella con las piernas cruzadas, invitando acto seguido a toda la clase a hacer lo mismo. Divertidos y sorprendidos, continuaron con la clase sentados encima de la mesa, se fueron cansando de la postura incómoda y todos se sentaron de nuevo en sus sillas, incluso el provocador, y la clase terminó sin más incidentes. Reestructuró la situación con connotación positiva haciendo algo inesperado. Con el tiempo, su alumno rebelde aprobó su asignatura y en clase se portaba bien.

La declaración de impotencia con posición complementaria se basa en que las luchas de poder llevan implícita una posición de poder asimétrica entre los dos oponentes, uno está encima del otro; en la posición complementaria uno de los dos renuncia a la lucha y se declara «impotente».

Ha de ser una actitud deliberada y no una declaración de derrota, ya que la «declaración deliberada de impotencia» (cuando no hemos sido derrotados aún y no vamos perdiendo) coloca al declarante paradojalmente en una posición de poder, debido a que renuncia voluntariamente y porque sí al mismo poder. Por ejemplo: unos padres desbordados porque su hijo está todo el tiempo molestando a unas personas en el parque donde están con la familia. El niño no para de incordiar a unos jóvenes que juegan en otra área del parque para avergonzar a sus padres delante de todos y que le castiguen con contundencia. Se le puede decir: «Me gustaría mucho que dejaras de molestar a estas personas y que regresaras con nosotros, pero sé que tienes un problema que te impide obedecer». Luego el padre se alejará de su hijo, regresando con la familia pero con una expresión de tristeza.

Con esta declaración colocamos al joven en una situación paradojal de no poder desobedecer: si regresa con el grupo familiar obedece, pero si continúa molestando acepta la visión de su padre, «molesta porque no puede actuar de otra forma, no porque él quiera».

Es probable que no regrese de inmediato con la familia y que el grupo de personas molestadas proteste al padre e insista en que se lo lleve aunque sea a empujones, pero él debe insistir disculpándose y expresando que lamentablemente no le queda ninguna posibilidad de ejercer su autoridad sobre este niño y les puede decir que pueden llamar a la policía o a emergencias, y debe entonces alejarse cabizbajo. Al declararse impotente frente al niño también le ha dejado claro que se queda sin poder delante de los que el niño ha cabreado. No le puede defender, con la mirada de enfado y de furia del otro grupo sería suficiente para que el niño rebelde corra al lado de su padre y no moleste más a nadie.

No se puede utilizar esta actitud si estamos vencidos de verdad, porque es una capitulación, pero desde una posición de fuerza interior, nosotros decidimos que ya no podemos hacer más, no es que sintamos que nos ha vencido.

CAPÍTULO 13
LA FELICIDAD

> El obstáculo principal para resolver los problemas de nuestra vida es que los abordamos como si fueran algo externo a nosotros. La verdad es que cada problema es una manifestación hacia fuera del estado de nuestra mente inconsciente. Cuando nuestra conciencia es clara y está en paz, el problema desaparece.

Los niños son el futuro, pero si queremos un futuro distinto tenemos que dejar de proyectar el pasado encima de ellos constantemente. Para progresar de verdad necesitan tener a su alrededor a adultos que les suministren alimento físico pero también emocional y mental. Los niños aprenden a confiar en el mundo, y en que tienen un lugar para ellos en él; cuando se les habla honestamente, se les incluye en las conversaciones y en la toma de decisiones (apropiadas a sus niveles de comprensión).

Debemos ser conscientes de que muchos de los problemas que los niños experimentan hoy son consecuencia del profundo cambio social que ha modificado a la familia. Hoy, la interacción entre padres e hijos ha quedado reducida a unos pocos minutos diarios que se dedican en tareas asignadas, diálogos, acusatorios o reproches negativos. «¿Por qué no estás haciendo los deberes?»; «¿Qué haces?»; «¿Dónde has estado?»; «¡Eres un desastre, mira tu cuarto!»; «¡Quítate, ahora me toca a mí ver la televisión!».

En muchos casos, el niño pasa días sin oír una palabra positiva o de alabanza; no siente aceptación ni cariño incondicional, y en las familias de más de un hijo debe competir con sus hermanos por la atención de unos padres incordiantes o ausentes.

Según las investigaciones científicas de H. Stephen Glen y de sus colaboradores, el diálogo y la colaboración constituyen los fundamentos del desarrollo ético y moral, el pensamiento crítico y reflexivo, la madurez de juicio y de mente y la efectividad de la enseñanza. En cambio, la falta de diálogo y la colaboración entre los más maduros y los menos maduros amenaza los lazos de proximidad, la confianza, la dignidad y el respeto que mantienen unida una sociedad.

La autovaloración es lo que nos ayuda a tener la sensación de ocupar un lugar en la vida y nos otorga la seguridad de poder afrontar cualquier situación. Es una característica indispensable para que tengamos una alta autoestima y tranquilidad en lo cotidiano.

Los niños de hoy crecen con demasiada frecuencia de una manera pasiva, con pocas ocasiones de encontrar su identidad y reconocer sus talentos antes de ser proyectados a una sociedad cada día más tecnológica, más especializada (compartimentada) e individualista. Aprenden a través de la televisión, películas y videojuegos a participar de la vida como espectadores y consumidores de entretenimiento. Las ideas de cómo resolver problemas o triunfar en la vida (recordemos que aprendemos por imitación y ensayo-error) las aprenden de héroes de ciencia-ficción (sobrehumanos) que se lanzan a la aventura con violencia, prepotencia y arrogancia, y muchas veces gracias a poderes especiales o a la magia.

Además, es frecuente que se deje a los niños/jóvenes campar por su cuenta («todos lo hacen, qué puedo hacer yo, el niño se enfada conmigo») mientras los padres trabajan. Además su autoestima sufre de la carencia de una actividad que tenga sentido (estudiar para ellos es una forma que tienen los padres de tenerlos controlados y encerrados unas horas, no un estímulo ni una necesidad).

En el pasado, con una familia extensa los niños tenían la oportunidad de aprender de las relaciones, de su sexo opuesto, tenían más espejos donde aprender e integrar los dos polos de su naturaleza. Al haberles privado de estas opciones debido a los cambios sociales, los niños rehúyen a los adultos porque no corresponden a los modelos televisivos ni a sus juegos, y se vuelven hacia sus iguales, entre quienes se sienten importantes y llenos de energía. Pero no pueden aprender a ser adultos por otros «críos» que saben tan poco o menos que ellos.

Es importante recordar que cada niño (cada uno de nosotros) trae un don, una cualidad que desarrollar a lo largo de su vida, que no nace para ser simplemente moldeado por la influencia de sus progenitores.

Jung explicaba después de haber estudiado la psicofisiología humana que todas las personas llegamos a la «individuación», o como mínimo a despertar en nosotros en un momento del ciclo vital la necesidad de «crecer como persona», comprender quién somos y qué somos para, una vez trascendido este impulso, sentirnos seres completos (la completud) y gracias a ello revertir nuestro aprendizaje en la mejora de la especie.

Hace aproximadamente 500 millones de años se generó el cerebro reptiliano o básico, ubicado en el centro del cerebro humano, y es la capa más antigua de las tres capas anatómicas de nuestro cerebro. Este regula los tres instintos básicos del ser humano y uno de estos es la búsqueda o comprensión de uno mismo para luego revertirla en la mejora y evolución de la especie. Se trata de un acto aparentemente egoísta que una vez consumado lleva a la persona a sentirse más grupal, más social que nunca y con algo que aportar para mejorar las cosas.

Podemos dejar que el actual modelo egocéntrico, individualista, cierre las puestas a su propio instinto de evolución de la especie, o bien podemos saltarnos los estereotipos, dejar de ser como los otros y darles una oportunidad de ser auténticos, equilibrados y, por lo tanto, felices.

La felicidad no es tener, la felicidad es Ser.

Características del niño que crece en armonía

- Me siento competente.
- Voy creando lo que ocurre en mi vida, puedo influir en lo que pasa.
- Contribuyo y me necesitan.
- Mis opiniones son importantes y confío en mí mismo, sé que aprenderé de los errores.
- Hago amigos, voy aprendiendo a expresarme, a escuchar, a cooperar, a compartir y a negociar lo que deseo.
- Digo la verdad y se puede contar conmigo.
- Las cosas no siempre me salen bien, pero sé adaptarme cuando es necesario.
- Soy tenaz y perseverante en mis ideales y sueños.
- Procuro resolver mis problemas, pero sé pedir ayuda o consejo si lo necesito.
- De todo el mundo tenemos algo que aprender, a todo el mundo tengo algo que enseñar.
- Con el tiempo voy descubriendo mis cualidades, mis dones particulares.
- Las cualidades educan a los defectos.

Qué podemos hacer por nuestros hijos para que sean adultos completos en equilibrio

> Si con la vida que llevas no eres feliz, debes cambiar tu actitud para que todo pueda cambiar y mejorar. Para conseguir algo diferente, tenemos que empezar a hacer algo diferente.

Educar con conocimiento y consciencia es lo que queremos hacer para que nuestros hijos sean adultos, felices. Esta lista nos recuerda lo que sería ideal saber hacer como padres, educadores o sociedad:

- Estar presentes. Pensar en tener el número de hijos que os permita proporcionarles una atención de calidad y personal; los hijos no son cromos que se coleccionan ni muñecas a las que se les pueden quitar las pilas y desconectar, requieren de vuestra atención (padre, madre, hermanos y familia en general).
- Respetarlos, hablar con ellos no como adultos pero sí con la verdad y lo más claro posible, como os hubiera gustado que lo hicieran con vosotros. Su Yo os lo agradecerá.
- Ayudarlos a consolidar unas buenas bases, pero recordad que su vida es suya, no podéis ni debéis controlarla. Son seres libres, con su destino particular.
- Insistir en la infancia y en la niñez adulta en determinados comportamientos que son por su seguridad, su salud y su bien. No temáis ser pesados. «Llevamos siempre el cinturón de seguridad»; «Hay que desayunar un poco antes de salir de casa»; «Se deben dormir las horas necesarias»...
- Reconocer que los niños tienen derechos, derecho a ser cuidados, a saber la verdad, a que se les escuche, a su propio cuerpo, a que se les enseñe a ser adultos.
- Establecer límites y líneas claras de conducta mientras ellos estén bajo vuestro cuidado y responsabilidad. «Si pasa cual-

quier cosa inesperada, hacédmelo saber, sobre todo llamadme, sea lo que sea»; «Si alguien te hace hacer cosas que no crees normales o que no quieres, aunque te amenace con hacerte daño o hacernos daño a nosotros, dínoslo, te mereces respeto y ayuda. Te queremos»; «Dime siempre la verdad, aunque sepas que no me gustará, porque entonces yo te podré ayudar, de otra forma no podré hacerlo».

- Ser claros sobre vuestros derechos. «Nosotros también tenemos derecho a un rato de intimidad»; «Es importante que recordemos que las otras personas tienen derecho a vivir la vida de distinta manera a la vuestra»; «No existe un solo punto de vista sobre (tal tema), también puede verse como lo entiende (tal persona)».

- Aceptar que vuestro hijo puede necesitar ayudas individuales o especiales. Hay niños que pueden necesitar a otras personas para entender lo que los padres no consiguen o para superar limitaciones. Puede necesitar un logopeda, o un psicólogo para superar la timidez que tal vez ha imitado de uno de los progenitores.

- Darles explicaciones de decisiones que toméis en la vida corriente si son importantes y adecuarlas a su grado de madurez. Por ejemplo: «A papá le trasladan de ciudad, vamos a mirar en un mapa dónde está y qué cosas vamos a encontrar en este nuevo lugar»; «Esta es nuestra nueva casa, ¿qué color quieres en las paredes?; de estas dos habitaciones, ¿cuál escoges para jugar?»; «Papá y mamá han decidido no vivir juntos para que todos estemos más tranquilos. Papá y mamá os quieren mucho, así que seguiréis viendo a papá (o mamá) y hablaréis todos los días. Será difícil al principio, pero luego todos estaremos felices».

- Debatir proyectos y problemas de familia (pero guardar para vosotros las quejas de la pareja). No explicar las dificultades priva a los hijos de conocimiento y experiencia real de vida, así como de ejemplo de solución de los problemas. La conversación no tiene que tener connotaciones de «pobre de mí» y han de ser apropiados tanto el tema como el tono a la edad del niño.

- Asignar a los niños tareas domésticas y papeles significativos, siempre adecuados a su edad. No lo hagáis todo por ellos, las estadísticas demuestran que los niños que son capaces de desarrollar tareas más o menos relevantes por experiencia propia tienen mejor salud y un desarrollo más adaptativo. Desde los 3 años, pueden ser responsables de algo o de dar de comer al pececito, de recoger sus juguetes y guardarlos en un cajón o de vestirse y comer solitos con asistencia.

- Esperar a acudir al rescate del niño. Darles ocasión de aprender de sus errores sin que se sientan estúpidos o inútiles. Alentarles a preguntar qué ocurrió en la situación, qué sintieron, qué aprendieron, qué harán la próxima vez. Absteneros de hacer observaciones críticas basadas en la experiencia y que requieran correr ciertos riesgos y tener algunos fracasos es con mucho la mejor lección, mucho más que las explicaciones de unos padres autoritarios o sobreprotectores.

- Ser receptivos al punto de vista infantil, escucharles y no dar por sentado que ya sabéis de lo que os está hablando.

- Estar abiertos a que ellos modifiquen vuestra idea o creencia de la realidad: aprender de ellos con buena voluntad.

- Dedicarles con frecuencia frases de aliento y elogios concretos y adaptados a él. «Es fantástico que te levantes todos los días de buen humor»; «Eres muy responsable, te despiertas tú solo y te dejas la cama hecha»; «Eres digno de confianza».

- Avanzar y evolucionar en entornos que nos dan soporte (no se puede de otra forma). La humillación, el ridículo y los castigos corporales son técnicas de crianza inaceptables, ningún niño ni ninguna situación son excepción para recibir semejantes tratos.

- Enseñar y estimular el sentido del humor de vuestro hijo, que no se base en ridiculizar a otros ni en el menosprecio de un colectivo sobre otro. No aceptéis los chistes sobre tartamudos o sexistas, por ejemplo.

Y para finalizar, dos premisas importantes que todos debemos tener en cuenta si queremos una infancia mejor para nuestros hijos y una sociedad con más valores y realmente solidaria donde haya una buena calidad de vida:

- No debemos olvidar que los hijos son los principales espejos de nuestros propios objetivos, su comportamiento siempre nos está diciendo algo sobre la pareja o nosotros mismos que, si queremos ser mejores personas, necesitamos saber.
- La cosa más importante que podemos hacer para respaldar tanto a nuestros hijos como a los de los otros es escucharlos, tomarlos en serio y reconocer su valía personal.

CAPÍTULO 14
MEDITACIÓN

> Si cada niño de 8 años aprendiera a meditar, eliminaríamos las guerras en una sola generación.
>
> DALAI LAMA

Los niños de hoy suelen ser inquietos, sobreestimulados. A algunos les cuesta conciliar el sueño, otros están estresados, dispersos o demasiado angustiados para que puedan volver a encontrar su equilibrio y tranquilizarse. Por eso, en este capítulo sugiero una serie de ejercicios de relajación, meditación e incluso *mindfulness* para que puedan conseguir ese equilibrio que les llevará a poder tomar un poco el control de sus emociones.

Las emociones más auténticas, el amor y la compasión, surgen del corazón. Es importante que los niños identifiquen el corazón como el lugar del «yo soy». Es la inspiración de la que surgen todas las posibilidades, nadie alcanza el éxito o la paz interior si no lo siente en lo más hondo de su corazón.

De los 6 a los 12 años somos su ejemplo, así que hemos de reflexionar con el niño, buscar momentos que le induzcan a sentarse y quedarse quieto junto al adulto que medita o practica *mindfulness*.

Cada día, antes de leerles un cuento cuando son aún pequeños, es interesante enseñarles a respirar dos o tres veces profundamente y guardar un breve instante de silencio mientras colocas tu mano sobre su corazón y la suya en el tuyo. No se debe alargar demasiado el tiempo de silencio hasta que tenga 6 años. El silencio interior es una experiencia que no debe forzarse hasta que el sistema nervioso haya comenzado a madurar.

Decidle que sienta la entrada y la salida del aire que respira, que cuando el aire entra en su cuerpo se llena de paz, de amor y de tranquilidad. Cuando expulsa el aire, todo lo que le preocupa, molesta o le hace estar intranquilo es también expulsado de su cuerpo y de su mente. Para incentivarlo, expresad lo bien que os sienta meditar, lo bien que dormís, que os mejora la memoria y que os sentís más conectados con vuestro corazón.

Cinco minutos serán suficientes entre los 6 y los 10 años, para llegar a los quince minutos entre los 10 y los 12 años.

No os impacientéis si al niño no le apetece meditar cada vez que se lo sugiráis.

> La despreocupación también es una inteligencia intuitiva: vivir con intensidad el momento presente.
>
> La Bruyère

Los estados de ánimo dolorosos existen en la infancia, aunque queramos ver en ellos seres despreocupados e inconscientes, están más atentos a lo que ocurre a su alrededor de lo que pensamos y saben reconocer que está ocurriendo algo que no va bien en su entorno. Pero no solo eso, sabemos que sufren por las separaciones o los cambios en sus vidas, y en estos momentos la crisis que está arrastrando a nuestra sociedad a unas desigualdades económicas importantes, el hambre y la pobreza también les está golpeando, pero lo que lo convierte en sumamente doloroso es que ellos y sus padres antes habían tenido de todo, por lo que la vivencia es un trauma por la exclusión social que ello significa. Estos estados dolorosos no deben ser ignorados ni sobremedicados o psicologizados en exceso en la infancia; debemos ponerles soluciones con enfoques dulces, suaves y más ecológicos, con la relajación, el *mindfulness* para niños o la meditación adaptada a ellos.

> Ser capaces de reflexionar sobre nuestro propio mundo interior es un elemento básico de las habilidades y del conocimiento que fomenta el bienestar y la vida con sentido. Asentar las bases de la función reflexiva mediante la práctica del *mindfulness* sería una inversión educativa inteligente y duradera en la prevención en materia de bienestar fisiológico, mental y emocional. Los jóvenes que cuentan con habilidades reflexivas bien desarrolladas y con un cerebro ejercitado en el *mindfulness* están preparados para mostrar mayor flexibilidad en contextos nuevos y para establecer relaciones interpersonales más satisfactorias, que reforzarán su sensación de bienestar y de flexibilidad a medida que crezcan.
>
> Dan Siegel

Respiración

Enséñales a tus hijos a relajarse y a concentrarse. Este pequeño ejercicio es útil con cualquier niño. La edad es importante, por eso debes asegurarte que te puede entender. Con un niño de 4 años podemos realizar la primera parte del ejercicio, la respiración, y con los más mayores el ejercicio completo.

Puedes utilizarlo cuando necesites romper situaciones que ves que evolucionan hacia una crisis o bien si ves al niño preocupado o angustiado.

Primero, sentarse en una posición cómoda, sobre un cojín en el suelo, en una silla o encima de la cama. La espalda debe estar recta (derecha) y los brazos cómodos, relajados. La espalda puede apoyarse en la pared o el respaldo de la silla hasta que se domine la postura. Observar la respiración. Pídele al niño que ponga las manos con suavidad sobre su estómago cuando llevéis unos instantes observando la respiración.

Pídele que tome aire dejando que el pecho y el estómago se hinchen. Dile al niño que intente sentir la barriga (abdomen) llena de aire, que es cuando está dilatada; solo entonces expulsar el aire muy despacio, hasta que todo salga de su cuerpo.

Repetid esta parte unas diez veces y deja que el niño respire con normalidad unos minutos, centrando su atención en el ritmo natural de su respiración. Al finalizar dile algo como: «Qué bien te sientes, estás más tranquilo», o «Qué bien me siento cuando practicamos este ejercicio, ¿y tú?».

Puede que le cueste conectar la respiración con el abdomen al empezar si ya es un poco mayor, pero con paciencia lo conseguirá.

Con niños de 3 años podemos pedirles que se estiren en el suelo y colocaremos encima de su abdomen su peluche preferido o una mantita, un objeto que le calme, y le pediremos que se concentre en hacerlo subir y bajar con su barriga al respirar.

Utilizar esta técnica en la guardería si se han revolucionado mucho o están muy dispersos será también de utilidad. Este método es usado por Daniel Goleman[11] en la actualidad en el barrio neoyorkino de Harlem en escuelas de parvularios, donde la mayoría de niños tiene problemas de atención, violencia y dificultades de conducta derivadas de vivir en situaciones de pobreza y familias disfuncionales, y es asombroso cómo han logrado crear un clima de paz y apertura para estos niños.

Mindfulness para niños

Jon Kabat-Zinn es el creador de Mindfulness-Based Stress Reduction (MBSR) o, en castellano, Reducción del Estrés

---

11 Daniel Goleman es un psicólogo estadounidense nacido en Stockton, California, en 1947. Adquirió fama mundial a partir de la publicación de su libro *Inteligencia emocional* en 1995. Posteriormente escribió *Inteligencia social*, su segunda parte. Trabajó como redactor de la sección de ciencias de la conducta y del cerebro del periódico *The New York Times*.

Basada en la Atención Plena (REBAP). Kabat-Zinn es doctorado en Biología molecular, fue alumno de Salvador Luria (Nobel en Medicina) y fundó en 1979, en la Escuela de Medicina de Massachusetts, la clínica para la reducción del estrés donde se aplica su técnica.

> Hay que prestar atención de manera intencional al momento presente, sin juzgar.
>
> JON KABAT-ZINN

El *mindfulness* activa partes del cerebro relacionadas con la felicidad. En la Universidad de Wisconsin se ha demostrado que se necesitan ocho semanas de práctica para experimentar un cambio significativo en la actividad del hemisferio izquierdo del cerebro, correspondiéndose con un aumento de la sensación de felicidad y bienestar. Entre sus efectos:

- Reduce la intensidad de las emociones negativas. Los neurólogos afirman que es debido a etiquetar (denominar las emociones), y en consecuencia nos hacemos más conscientes de lo que sentimos. (UCLA, Universidad de California, Los Ángeles).
- Reduce los efectos nocivos del estrés, produciendo una respuesta de relajación que reduce la tensión arterial, el ritmo cardíaco, el respiratorio y los niveles de colesterol, mejora el sistema inmunológico y aumenta la posibilidad de concebir en mujeres estresadas. (Universidad de Massachussets y UCLA).

Algunos de los siguientes ejercicios pertenecen a los que se enseñan en los seminarios para profesores y padres. Se basan en el programa de «ocho semanas» para adultos que elaboró Kabat-Zinn y que imparto en algunas empresas y centros de psicología.

Sentimientos desagradables

Este ejercicio está indicado para niños pequeños (de 4 a 9 años). No debe durar más de cuatro minutos al principio, y se va aumentando el tiempo con la edad.

Existen momentos en los que hay algo que realmente te molesta, algo que puede darte mucho malestar, dolor, enfado, nervios, y entonces puede ayudarte el sentarte con tranquilidad unos momentos para tomar aliento. Respirar ayuda siempre. Así que quiero pedirte que por un momento dejes todo lo que estás haciendo y prestes atención a lo que ahora mismo estás sintiendo. Sea como sea que te sientas, intenta no huir de ello, no intentes mejorarlo o pensar que es una tontería sentirte así, intenta llegar a esa sensación con tu atención más delicada; esa atención que también podría darte tu mejor amigo. A veces ayuda poner palabras a esa sensación: me siento muy triste, siento miedo, estoy inseguro o enfadado. A veces estás simplemente mal y no sabes cómo decirlo, así que siente cómo te encuentras ahora.

Seguro que hay algún lugar en tu cuerpo donde sientas molestia, en el que hay enfado o pena, en el que puedes sentirlo. Intenta ir ahí con tu atención más delicada, como harías con tu mejor amigo. Y cuando sepas cómo te sientes ahora, lleva tu atención a tu respiración. Y si estás enfadado o triste o te sientes mal de alguna manera, muchas veces también se nota en tu respiración. ¿Qué notas en este momento? Quizá adviertas que estás pensando todo el tiempo en lo mismo y que te distraes con pensamientos o sonidos, y entonces puedes hacer que tu atención regrese de nuevo a tu respiración, tal como es en este momento. Así exactamente, sin cambiar nada, con tu atención más delicada, cerca de tu respiración.

Y ahora trasladas la atención de tu respiración a tu cuerpo. Simplemente siente qué hay en tu cuerpo sin querer escapar de nada o creer que es una tontería. Solo sentir lo que sientes. Solo sentir. Quizá te sientas mal y notes puntos de tensión en tu cuerpo, en los hombros o en el cuello, en el vientre o en el estómago. Simplemente siente. No tienes que preocuparte por ello, siempre acaba pasando. Tal vez estás cansado de todo. No tienes que tener miedo a esas sensaciones. Todo el mundo tiene sensaciones, buenas o difíciles. Miedos o tristezas. Yo también. Es importante saber que no necesitas ocultar tus sentimientos. Puedes dejarlos entrar, abrir la puerta de par en par. Los sentimientos están ahí, tanto los difíciles como los buenos. Tranquilo y curioso, observas todos estos sentimientos distintos que anidan en tu cuerpo. Tú y tu cuerpo sois fuertes y robustos. Puedes con mucho. Eres robusto y flexible como un árbol joven. Vulnerable y fuerte. No te derrumbas fácilmente. Ten confianza. Las sensaciones molestas también pasan.

Quizá ahora ya te sientes diferente. Siente. Y después de un suspiro muy profundo, continúa con lo que estabas haciendo. Lleno de confianza.

Amigos de la emoción (*focusing*[12])

Este es un ejercicio para niños mayores (de 9 a 17 años). Si el niño mantiene alguna emoción guardada, realizaremos la técnica de *focusing*. En esta práctica, pediremos que escanee todo su cuerpo, desde la cabeza hasta los pies, y nos mencione dónde se concentra esa emoción (rodillas, estómago, corazón, garganta...). Entonces pediremos que le ponga un color a su emoción, que la respire y

---

12 El *focusing* (enfoque) utiliza la capacidad del paciente para prestar atención a los sentimientos y deseos que no son expresados con palabras, en un proceso psicoterapéutico de toma de autoconciencia y curación emocional. El término fue acuñado por el psicoterapeuta Eugene T. Gendlin, por lo que también se le conoce como «terapia experimental de Gendlin».

se mantenga concentrado en ella durante unos minutos. Después realizaremos las siguientes preguntas: ¿se ha ido la emoción?, ¿se ha movido de lugar?, y se le vuelve a preguntar qué color tiene ahora la emoción.

Baile con los ojos del corazón

Este ejercicio es muy útil para dejar que el niño pueda liberar tensión, y si está muy nervioso o excitado pueda tranquilizarse más fácilmente. Hay veces en las que es muy difícil estar quietos, incluso para los adultos. Si son muy pequeños, hay que vigilar que no se hagan daño, buscar un espacio donde puedan moverse libremente.

Aquí se le explicará al niño que se trata de bailar, pero con los ojos vendados. La danza podrá durar hasta media hora. Le pediremos que preste toda su atención a las emociones, y que se permita expresarlas a través del movimiento del cuerpo. Es un espacio de silencio.

Al terminar el baile, podemos dar un tiempo de reposo para asimilar lo que ha sucedido. Y podremos ahora facilitar un espacio para que los niños y los padres puedan expresar sus experiencias. ¿Cómo se han sentido? ¿Qué han aprendido?

Botón de pausa

Este ejercicio está recomendado para los padres si sienten que pueden estallar ante las situaciones de estrés que los niños pueden llegar a crear en el día a día. También es válido para los niños más mayores.

A veces necesitas una pausa, unos pocos minutos para ti mismo. ¡Tienes tantas cosas en la cabeza! Necesitas tomar aliento para pensar qué está sucediendo en tu mundo interior. Después puedes seguir con lo que hacías, bien fresco y despierto. Así que deja de hacer lo que estés haciendo. Para por un momento sin tener que hacer algo o esperar algo de ti mismo. Para. Frena un momento y tómate el tiempo que necesites para sentir cómo te encuentras en este momento. ¿Cómo te sientes por dentro? ¿Te sientes bien o lo contrario? Así te das cuenta de si te sientes bien o no. No tienes por qué cambiar lo que sientes, solo descubrir cómo estás en este momento, estar atento a ello. Un momento de atención muy agradable, y no se trata de si es bueno o no. Se trata de prestar atención a cómo estás ahora mismo. Una atención amable.

Y ahora lleva tu atención de manera igualmente amable hacia tu respiración, para descubrir cómo es tu respiración en este momento. ¿Qué descubres acerca de tu respiración? Si no la influyes para nada, si la dejas ir como va, ahora quizá notes que tu respiración es profunda y relajada, o tal vez un poco intranquila y corta. ¿Qué descubres del movimiento de tu respiración en este momento? Sin que te parezca bien o mal, sigue la profundidad y el ritmo de la respiración y cuando lo sepas llega a la última parte de esta corta pausa, llevando la atención a todos los lugares de tu cuerpo en los que puedas sentir algo. Lugares que duelen. Lugares de calma. Lugares con tensión. Entonces te desperezas estirándote bien para continuar con aquello que quieras hacer.

Pulsando tu botón de pausa te tomas el espacio para tomar aliento, y una vez has descansado puedes continuar con más claridad, como si hubieras recargado las pilas. Hacer una pausa regularmente te ayuda a que no te quedes vacío, sin energía. Te deseo que tengas un buen día.

Estos ejercicios anteriores pueden ser grabados tal y como están escritos y escucharlos cuando los necesitemos.

Caminata consciente

Este es un ejercicio para recuperar la conexión cuerpo-mente. Hacemos todo desconectados, nuestro cuerpo actúa y nuestra mente está proyectándose en el pasado pensando en algo que nos ha ocurrido, o en el futuro en lo que tenemos o tendremos que hacer.

Realizaremos el recorrido con pasos muy lentos, incluso quien lo desee puede cerrar sus ojos, y comenzaremos a caminar por el espacio en donde nos encontremos, poniendo toda nuestra atención a cada paso que se está realizando. Los niños reconocerán así si el piso es rugoso, liso, de madera, si tiene piedras, si hay rampas, etc. Pararos si estáis en un jardín o en la montaña para medir las sensaciones olfativas y las sensaciones táctiles, reconocer el viento y sentir la sensación solar o de humedad. La práctica podrá durar de diez a quince minutos aproximadamente.

Si son mayores (de 14 a 17 años), hacedlo con los ojos vendados guiándolos vosotros bien por un amigo o hermano, y si no por otro adulto. Intercambiad también los papeles, veréis qué divertido y enriquecedor resulta.

El segundo paso del ejercicio es la concentración/meditación. Tras realizar diez respiraciones, le indicamos que siga respirando de forma pausada y natural. Señala un punto o la llama de una vela frente a él (si utilizas una vela asegúrate de que no puede ser peligroso). Mientras se concentra en la luz, insinúale que puede que note que los párpados se hacen pesados y que podrá cerrarlos sin forzarlos cuando sienta que lo desea.

Cuando lo veas concentrado en el punto y veas que se le han cerrado los ojos, léele el siguiente guión con voz suave, tranquila y audible, que no sea monótona y haciendo pausas con regularidad, de manera que lo que estás diciendo sea asimilado por el niño:

«Coloca tu mano con suavidad en el corazón y escucha sus latidos. Siente su ritmo. Pon toda tu atención en el corazón. Si te vienen pensamientos, deja que sencillamente floten como si fueran pétalos de flor sobre un río, y vuelve a concentrarte en tu corazón. Ahora, notando tu corazón, piensa en algo o alguien a quien quieras [puedes mencionarle su juguete favorito, su perrito o hámster, su lugar favorito, su mejor amigo, la abuela o alguien que sabes que es especial para él], tal vez la sensación de un abrazo o acariciar un cachorro. Siente cómo reacciona tu corazón ante este pensamiento... ¿Cómo hace que te sientas? ¿Sientes la zona del corazón diferente? ¿Mejor tal vez?... Mantén este sentimiento de amor y bienestar en tu corazón un momento. Disfruta de lo bien que te hace sentir».

Entonces guarda unos minutos de silencio, o el tiempo que tu hijo sea capaz de mantener la concentración. Puedes poner si lo deseas música de relajación, comenzando muy suavemente y subiendo el volumen de manera gradual, pero no lo hagas si le distrae.

La libreta emocional

Este es un ejercicio para trabajar el vínculo. Se trata de una técnica de comunicación entre padres e hijos para que las emociones y los sentimientos fluyan y se expresen dentro de un marco controlado y amigable en lugar de hacerlo de otras formas (somatizaciones, depresión, miedos, ansiedad, agresividad, intolerancia, etc.). Funciona así:

1º. Hay que delimitar un tiempo cada día para poder estar con el niño. Un buen momento es por la noche justo antes de acostarse (siempre que el niño no esté excesivamente cansado). El tiempo puede ser variable según edad y circunstancias. Normalmente con quince o veinte minutos suele ser suficiente.

2º. El niño tendrá una libreta (diario emocional) que previamente ha escogido y sea de su gusto.

3º. Los padres, conjuntamente o uno de ellos, pedirán al niño que haga un pequeño balance del día (empezar por las cosas positivas y dejar para el final las negativas). Ahora es el momento de sacar aquellas cosas que no han ido bien y tratarlas relajadamente, con sentido positivo y compartiendo estrategias comunes para superarlas. Según la edad y/o capacidad verbal del niño, puede que tenga cierta dificultad para expresarse o que no comente aspectos relevantes. Los padres deberán tener la habilidad suficiente para irlo guiando con sutileza hacia el terreno que deseamos. No se trata de realizar un interrogatorio ni de recriminar, sino de hacerle ver en qué puede mejorar y cómo hacerlo. Sobre todo, alabar sus cosas buenas.

4º. Si el niño ya sabe escribir y según su capacidad, deberá anotar muy brevemente aquellas cosas que considere relevantes (positivas y negativas) en su diario y, lo que es más importante, cómo se ha sentido. Por ejemplo: «Hoy el maestro me ha castigado y me he sentido triste». Los padres deben guiarlo en la expresión verbal de lo que ha pasado, cuáles han sido las consecuencias y sus sentimientos. No se trata de consolarlo y minimizar los problemas que haya podido tener para tranquilizarlo, sino de hacerle saber que formamos un equipo con él y que estamos ahí para ayudarle en lo que necesite. Tampoco se trata de que le hagamos cada día un interrogatorio, sino que nos habituemos a hablar acerca de nuestras experiencias diarias. No forzarlo a hacerlo si no lo desea. En este caso, recordarle que estamos allí para escucharle y que cuando lo desee estamos disponibles. Y sobre todo, nosotros debemos también contarles cosas de nuestro trabajo y de nuestras emociones frente a lo ocurrido en el día, por ejemplo: «Hoy ha sido un día triste, con la lluvia llegaban todos los pacientes tristes y malhumorados». Cuando analicemos el día, destacar especialmente los aspectos positivos, los pequeños avances en aprendizaje o conducta. Para finalizar la sesión podemos introducir un pequeño juego o actividad (leer un cuento, meditar, *mindfulness* etc.).

El objetivo fundamental no es la solución de sus pequeños problemas diarios, sino la de trabajar la expresión emocional de los mismos para consolidar el hábito de compartir y comprendernos, mejorar para minimizar los conflictos.

Si el niño se muestra reticente al inicio a manifestar sus emociones más íntimas, no obstante el mensaje que recibe es muy claro y reforzador: «Mis padres están ahí para escucharme». Ello supone un afianzamiento de su seguridad emocional y de los lazos afectivos, e indirectamente se reducen las posibilidades de conductas disruptivas.

El registro de todas estas experiencias por parte del niño incrementa su percepción de las diferentes situaciones y el modo correcto de hacerles frente. Igualmente ofrece a lo largo del tiempo información relevante acerca de la evolución del niño en los aspectos trabajados.

La libreta emocional puede tomar diferentes formas y debe ajustarse a las necesidades y peculiaridades de cada familia e hijos. Aquí solo expongo algunos rasgos generales. No es un tratamiento en sí mismo sino la excusa, el motivo aparente de algo que es más profundo: un vehículo para la expresión de los sentimientos y emociones de nuestros hijos como paso previo para comprenderles y hacer que crezcan más fuertes psicológicamente.

Los niños más pequeños, que no pueden todavía escribir, pueden utilizar igualmente una libreta y en lugar de escribir colocarán la pegatina que refleje mejor el estado emocional de ese día. Pueden utilizarse diferentes modelos que expresen diferentes niveles de alegría o tristeza (por ejemplo, Gomets Mr. Smiley, comercializados por la empresa Apli en España).

Podéis imprimir en la siguiente dirección cartas con caras que simbolizan las emociones:
http://cf.ltkcdn.net/autism/files/515-Expressions.pdf

Ventajas de su aplicación:

• Regularizar un espacio de comunicación diario y de calidad con el niño.
• Aumentar su seguridad emocional y autoestima al sentirse escuchado y acompañado.
• Mejorar la vinculación afectiva con los padres.
• Reducir miedos y ansiedad ante situaciones nuevas.
• Reducir enfermedades somáticas.
• Aprender a resolver los problemas (con la guía de los padres).
• Saber identificar las emociones y autocontrolarlas.
• Tener un registro de la evolución del niño en los aspectos que trabajemos.

DECÁLOGO PARA FAMILIAS FELICES

1. Disfruta de tus hijos, crea un ambiente optimista e inunda tu casa de alegría y buen humor.
2. Transmite optimismo, ocúpate en lugar de preocuparte.
3. Ahuyenta el odio, los miedos y las envidias. Pon chistes, risas y cosquillas. La alegría atrae la alegría.
4. Agradece a los demás con una sonrisa, se contagia.
5. Dedícale tiempo y energía a tu familia. Estrecha los lazos familiares, son los más duraderos.
6. Los elogios sinceros, la gratitud por lo que se es y se tiene, los abrazos gratuitos dan paz y fe en la vida.
7. Pide perdón humildemente cuando te equivocas y perdona a los demás sin rencor. Enseña a confiar a tus hijos, creando un ambiente de confianza entre vosotros.
8. Enseña a tus hijos a ver la botella medio llena, es mejor ver la vida en rosa que en gris. Delante de ellos no te lamentes de lo negativo, dale fuerza a lo positivo. Enséñales que los errores son oportunidades de aprender, que no siempre obtenemos lo que queremos pero que es posible que nos lleguen cosas mejores que no esperábamos.
9. Enséñales que poder dar es lo más maravilloso de esta vida, que cuando damos amor lo estamos recibiendo; sed solidarios compartiéndolo con ellos, participad en voluntariados donde ellos puedan colaborar (campañas de Reyes, recogidas de alimentos en situaciones de emergencia, compañía a ancianos o pasear el perro a alguien enfermo).
10. Coleccionad pequeños momentos, luego serán grandes recuerdos, y disfrutad con ellos: hacer juntos los postres de

Navidad, el pastel de cumpleaños de un hermano, ir al bosque a descubrir la naturaleza, jugar con la arena creando castillos, hacer volar una cometa construida juntos, compartir un libro de cuentos de nuestra infancia con ellos, ver fotografías de nuestra infancia y de la suya una tarde de lluvia, mirar juntos grabaciones familiares con palomitas incluidas, ayudarle a preparar su fiesta de cumpleaños…

Ser familia es una sensación, un sentimiento, no dejes que la vida tan estresante y rápida que llevamos te lo robe, no dejes que las «necesidades» de tener objetos te roben la infancia de tus hijos, pasa muy deprisa, crecen y podemos ser unos extraños que hemos compartido solo un techo.

Defiende vuestro tiempo juntos, aunque sea poco y te gustara tener más, y haz que ese tiempo sea de calidad. Y sobre todo, no temas que no te amen, busca que quien los atienda cuando tú no puedas les ame, les respete tanto como tú, y ellos agradecerán ese gesto de amor incondicional, amándote tanto como tú a ellos.

Espero que este libro os haya hecho reflexionar, observar vuestro interior y tener energía para intentarlo de nuevo, nunca es tarde para recuperar la relación y el amor con los hijos, ellos desean lo mismo.

Y los que empezáis ahora la aventura de ser padres, pensad que es la más arriesgada pero la más gratificante que viviréis jamás.

BIBLIOGRAFÍA

Abad, J; Aguirre, G; Anguera, B; Armayones, M. y col. (2007). *Problemas psicológicos en familias.* Barcelona: UOC editorial.
Beattie, M. (1989). *Codependent no More: Beyond Codependency.* Harper S.F.
Beattie, M. (1987). *Codependent no More: How to Stop Controling Others and Start Caring for Yourself.* Hazelden.
Bradshaw, J. (1996). *Sanar la vergüenza que nos domina.* Barcelona: Ed. Obelisco.
Cantón, J; Cortés, M. R; Justicia, M. D. (2000). *Conflictos matrimoniales, divorcios y desarrollo de los hijos.* Madrid: Pirámide.
Deepac, C. (1997). *Las siete leyes espirituales del éxito.* Madrid: Edaf.
Dreikurs, R y Soltz, V. (1964). *Children: The Challenge.* New York Duell, Sloan, Pearce.
Dyer, W. W. (1981). *Manual de terapia racional emotive.* Bilbao: Descleé de Brouwer.
Ferreros, Mª L. (2008) *Abrázame, mamá.* Barcelona: Planeta.
Ferreros, Mª L. (2005) *Pórtate bien.* Barcelona: Planeta.
Fiorenza, A y Nardone, G. (2004). *La intervención estratégica en los contextos educativos.* Barcelona: Herder.
Käes, R. (1993). *Transmission de la vie psychique entre générations.* París: Dunod.
Mandino, O. (1989). *El secreto más grande del mundo.* México DF: Diana.
Oberst, U y Stewart, A. (2003). *Adlerian Psycotherapy. An Advanced Approach to Individual Psichology.* Londres: Routledge.

Pruit, D. J. y Rubin, J. Z. (1986). *Social Conflict.* New York: Random House.
Redfield, L. (1996). *The Celestine Prophecy. An Experimental Guide.*
Sanaya, H. J. (1986). *Personal Power Through Awareness.* Kramer.
Sullerot, E. (1998). *El nuevo padre.* Barcelona: Ediciones B.
Vallés, A. (2000). *La inteligencia emocional de los niños. Cómo desarrollarla.* Madrid: EOS.
Wilber, K. (1990). *El espectro de la conciencia.* Barcelona: Kairós.

Webgrafía

«MedlinePlus», enciclopedia médica.
 http://www.nlm.nih.gov/medlineplus/spanish/ency/article/001570.htm

«Psicología infantil y juvenil», Psicodiagnosis.es
 http://www.psicodiagnosis.es/areageneral/elapego/index.php

www.ingramcontent.com/pod-product-compliance
Lightning Source LLC
Chambersburg PA
CBHW031627160426
43196CB00006B/306